明治図書

JN041899

小学校家庭科

1人1台端末を活用した授業づくり

題材設定から評価まで

筒井 恭子 編著

はじめに

　「生きる力」をより一層育むことを目指す新しい学習指導要領が令和2年4月より全面実施となりました。子供たちには，予測困難な社会の変化に主体的に関わり，自ら考え，よりよい社会と幸福な人生の創り手となる力を身に付けることが求められています。

　また，GIGAスクール構想により整備された1人1台端末を効果的に活用し，「個別最適な学び」と「協働的な学び」の一体的な充実を進め，「主体的・対話的で深い学び」の視点からの授業改善につなげて資質・能力を確実に育成することが求められています。

　社会全体が，新型コロナウイルス感染症と共に生きていくという状況の中で，私たちは，改めて家族・家庭や人が生きていくために欠かすことのできない食べることや着ること，住まうことなどの重要性を再認識することになりました。小学校家庭科の学習は，衣食住などに関する知識及び技能を確実に身に付けるとともに，それらを活用して，身近な生活の課題を解決したり，家庭や地域で実践したりできるようにすることを目指しています。家庭科の学習で育成を目指す「生活をよりよくしようと工夫する資質・能力」は，生涯にわたって健康で豊かな生活を送るための自立の基礎として今後ますます重要となります。

　本書は，家庭科の学習で育成を目指す資質・能力，指導計画の作成，授業づくり，学習評価，について解説するとともに，「主体的・対話的で深い学び」の実現に向けて全国各地で取り組まれたICTを効果的に活用した実践事例を紹介したものです。ねらいの達成に向けてどのようにICTを活用するのかを家庭科の学習過程に沿ってまとめ，具体的な資料を掲載しています。また，学習環境整備，実習の指導，1人1台端末の活用についてQ&Aでそのポイントを紹介しています。

　本書を生かし，学びの質を一層高める魅力あふれる家庭科の授業が各学校で展開されることを期待しています。本書が，家庭科の授業が大好き，わかる，とても役に立つと子供たちが言ってくれるような授業を目指している先生方の一助となることを心から願っています。

令和4年4月

編著者　筒井恭子

CONTENTS

Chapter2　指導計画作成の手順とモデルプラン

Chapter3　1人1台端末を活用した授業づくりモデルプラン

Chapter4　授業を成功させるQ＆A

Chapter1
家庭科の授業づくりと
評価のポイント

1　家庭科で育成を目指す資質・能力

　今回の改訂では，小学校家庭科，中学校技術・家庭科家庭分野，高等学校家庭科を通じて育成を目指す資質・能力を(1)「知識及び技能」，(2)「思考力，判断力，表現力等」，(3)「学びに向かう力，人間性等」の三つの柱に沿って整理している。また，小・中・高等学校の内容の系統性を明確にし，各内容の接続が見えるように，小・中学校においては，「A家族・家庭生活」，「B衣食住の生活」，「C消費生活・環境」の三つの内容としていることから，小・中学校5学年間で系統的に資質・能力を育成することが求められている。

　家庭科で育成を目指す資質・能力（「何ができるようになるか」）は，教科の目標に，(1)「知識及び技能」，(2)「思考力，判断力，表現力等」，(3)「学びに向かう力，人間性等」の三つの柱に沿って示されている。また，目標の柱書きには，「生活をよりよくしようと工夫する資質・能力」と示すとともに，(1)から(3)までに示す資質・能力の育成を目指すに当たり，質の高い学びを実現するために，家庭科の特質に応じた物事を捉える視点や考え方，「生活の営みに係る見方・考え方」を働かせることについて示している。

> ## 家庭科の教科の目標
>
> 　生活の営みに係る見方・考え方を働かせ，衣食住などに関する実践的・体験的な活動を通して，生活をよりよくしようと工夫する資質・能力を次のとおり育成することを目指す。
>
> (1)　家族や家庭，衣食住，消費や環境などについて，日常生活に必要な基礎的な理解を図るとともに，それらに係る技能を身に付けるようにする。
>
> (2)　日常生活の中から問題を見いだして課題を設定し，様々な解決方法を考え，実践を評価・改善し，考えたことを表現するなど，課題を解決する力を養う。
>
> (3)　家庭生活を大切にする心情を育み，家族や地域の人々との関わりを考え，家族の一員として，生活をよりよくしようと工夫する実践的な態度を養う。

1　知識及び技能

　(1)の目標は，主に家庭生活に焦点を当て，家族や家庭，衣食住，消費や環境などに関する内容を取り上げ，日常生活に必要な基礎的な理解を図るとともに，それらに係る技能を見に付け，生活における自立の基礎を培うことについて示している。家庭科で習得する知識は，個別の事実的な知識だけではなく，児童が学ぶ過程の中で，既存の知識や生活経験と結び付けられ，家庭科における学習内容の本質を深く理解するための概念として習得され，家庭や地域などにおける様々な場面で活用されるものである。技能についても同様に，一定の手順や段階を追って身に付く個別の技能だけではなく，それらが自分の経験や他の技能と関連付けられ，変化する状況や課題に応じて主体的に活用できる技能として習熟・定着することが求められる。

2 思考力，判断力，表現力等

(2)の目標は，次のような学習過程を通して，習得した「知識及び技能」を活用し，「思考力，判断力，表現力等」を育成することにより，課題を解決する力を養うことを明確にしたものである。小学校家庭科においては，日常生活の中から，家族・家庭生活や衣食住の生活，消費生活・環境について問題を見いだし，課題をもって考え，解決する力を養うことである。課題を解決する力として，次のような力が挙げられる。

①日常生活の中から問題を見いだし，解決すべき課題を設定する力
②課題解決の見通しをもって計画を立てる際，生活課題について自分の生活経験と関連付け，様々な解決方法を考える力
③課題の解決に向けて実践した結果を評価・改善する力
④計画・実践について評価・改善する際に，自分の考えを根拠や理由を明確にして表現する力

家庭科，技術・家庭科（家庭分野）の学習過程の参考例

生活の課題発見	解決方法の検討と計画		課題解決に向けた実践活動	実践活動の評価・改善		家庭・地域での実践
既習の知識・技能や生活経験を基に生活を見つめ，生活の中から問題を見いだし，解決すべき課題を設定する	生活に関わる知識・技能を習得し，解決方法を検討する	解決の見通しをもち，計画を立てる	生活に関わる知識・技能を活用して，調理・制作等の実習や，調査・交流活動などを行う	実践した結果を評価する	結果を発表し，改善策を検討する	改善策を家庭・地域で実践する

※上記に示す各学習過程は例示であり，上例に限定されるものではないこと

3 学びに向かう力，人間性等

(3)の目標は，(1)及び(2)で身に付けた資質・能力を活用し，家族生活を大切にする心情を育むとともに，家族や地域の人々と関わり，家庭生活をよりよくしようと工夫する実践的な態度を養うことを明確にしたものである。生活をよりよくしようと工夫する実践的な態度とは，日常生活の様々な問題を解決するために一連の学習過程を通して身に付けた力を，家庭生活をよりよくするために生かして実践しようとする態度について示したものである。このような実践的な態度は，家庭科で身に付けた力を家庭，地域から最終的に社会へとつなげ，社会を生き抜く力としていくために必要である。

なお，「見方・考え方」と資質・能力は相互に支え合う関係であり，(1)，(2)，(3)のいずれにおいても「生活の営みに係る見方・考え方」を働かせ，「協力・協働」，「健康・快適・安全」，「生活文化の継承・創造」，「持続可能な社会の構築」等の視点で日常生活の問題を捉え，資質・能力の育成を図ることが大切である。(p.16参照)

2 家庭科の内容構成と各内容

1 家庭科の内容構成

　今回の改訂における内容構成は，小・中・高等学校の系統性の明確化，空間軸と時間軸の視点からの学習対象の明確化，学習過程を踏まえた育成する資質・能力の明確化の三つの考え方に基づいたものである。1で述べた資質・能力を育成するために「何を学ぶのか」，内容構成のポイントは，次に示すとおりである。

①小・中学校ともに「A家族・家庭生活」，「B衣食住の生活」，「C消費生活・環境」の三つの内容とし，各内容及び各項目の指導が系統的に行えるようにしている。

②空間軸と時間軸の視点から学習対象を捉え，学校段階を踏まえて指導内容を整理している。
　小学校の空間軸の視点：主に自己と家庭，時間軸の視点は現在及びこれまでの生活

③各内容の各項目は，「知識及び技能」の習得に係る指導事項アと，アで習得した「知識及び技能」を活用して「思考力・判断力・表現力等」を育成することに係る指導事項イで構成し，関連を図って扱うこととしている。

④生活の科学的な理解を深め，生活の自立の基礎を培う基礎的・基本的な知識及び技能の確実な習得を図るために，調理や製作における一部の題材を指定している。

⑤学習した知識及び技能を実生活で活用し，課題を解決する力と生活をよりよくしようと工夫する実践的な態度を養うために，家庭や地域と連携を図ったA(4)「家族・家庭生活についての課題と実践」を新設している。

⑥食生活，衣生活，住生活及び消費生活の内容のはじめに，働きや役割に関する内容を位置付け，「A家族・家庭生活」の(1)「自分の成長と家族・家庭生活」のアで触れた「生活の営みに係る見方・考え方」における協力，健康・快適・安全及び持続可能な社会の構築等の視点と関連させて扱うこととしている。

⑦社会の変化に対応し，各内容を見直している。

・「A家族・家庭生活」においては，少子高齢社会の進展に対応し，家族や地域の人々とよりよく関わる力を育成するために，幼児又は低学年の児童，高齢者など異なる世代の人々との関わりに関する内容を新設している。

・「B衣食住の生活」においては，生活や学習の基盤となる食育を一層推進するために，食生活に関する内容を中学校との系統性を図り，基礎的・基本的な知識及び技能を確実に習得できるようにしている。また，グローバル化に対応し，日本の生活文化の大切さに気付くことができるようにするために，和食の基本となるだしの役割や季節に合わせた着方や住まい方など，日本の伝統的な生活について扱うこととしている。

・「C消費生活・環境」においては，持続可能な社会の構築などに対応し，自立した消費者を育成するために，中学校との系統性を図り，「買物の仕組みや消費者の役割」に関する内容を新設している。

2 各内容のポイント

　ここでは，AからCの各内容について，新設の内容や取扱いを改めている内容を取り上げ，解説する。

A　家族・家庭生活

　(1)「自分の成長と家族・家庭生活」については，第4学年までの学習を踏まえ，第5学年の最初に2学年間の学習の見通しをもたせるガイダンスとして扱うこととしている。さらに，内容の取扱いには，「AからCまでの各内容の学習と関連を図り，家族や地域の人々との協力，健康・快適・安全，持続可能な社会の構築等の視点から，日常生活における様々な問題について考え工夫することの大切さに気付かせること」が示され，「生活の営みに係る見方・考え方」ついて触れることに留意する。

　今回の改訂では，各内容に「働き」や「役割」に関する学習内容を位置付けており，それぞれの内容の導入で，A(1)「自分の成長と家族・家庭生活」において扱った生活の営みの大切さを思い起こし，学習内容における「生活の営みの係る見方・考え方」の主な視点を意識させることとしている。

　(3)「家族や地域の人々との関わり」については，幼児又は低学年の児童や高齢者など異なる世代の人々との関わりについても扱い，児童が地域の人々とのつながりや信頼を深め，地域への親しみや愛着がもてるようにしている。

　(4)「家族・家庭生活についての課題と実践」については，Aの(2)「家庭生活と仕事」又は(3)「家族や地域の人々との関わり」の学習を基礎とし，「B衣食住の生活」や「C消費生活・環境」で学習した内容と関連を図り，日常生活の中から問題を見いだして課題を設定し，様々な解決方法を考え，計画を立てて実践した結果を評価・改善し，考えたことを表現するなどの学習を通して，課題を解決する力と生活をよりよくしようと工夫する実践的な態度を養うことをねらいとしている。例えば，Aの(2)「家庭生活と仕事」とBの(5)「生活を豊かにするための布を用いた製作」を関連させて，家族が互いに協力し合って家庭生活を送ることを課題として設定し，家族が家庭の仕事をする際に役立つ物を，布を用いて製作する計画を立てて実践し，評価・改善するなどの活動が考えられる。この内容は，実践的な活動を家庭や地域などで行うことができるよう配慮し，2学年間で一つ又は二つの課題を設定して履修することとしている。

B　衣食住の生活

　食生活については，小・中学校の内容の系統性を図り，小・中学校ともに食事の役割，栄養・献立，調理の三つの内容としている。小学校において，(2)「調理の基礎」，(3)「栄養を考えた食事」としているのは，調理を通して食品を扱った後に，料理や食品をどのように組み合わせて食べるのかを学習することにより，栄養・献立の基礎を確実に習得できるようにすることを意図したものである。

　(1)「**食事の役割**」の学習では，「A家族・家庭生活」の(1)のアで触れた健康の視点と関連させて，食生活の大切さに気付かせるようにしている。(2)「**調理の基礎**」については，基礎的・基本的な知識及び技能の確実な習得を図るために，アの(エ)「材料に適したゆで方」においては，青菜やじゃがいも

など，一部の題材を指定している。また，アの(オ)「伝統的な日常食の米飯及びみそ汁の調理の仕方」においては，和食の基本となるだしの役割に触れるなど日本の伝統的な食文化のよさや大切さにも気付くことができるようにしている。(3)**「栄養を考えた食事」**のアの(ウ)「献立を構成する要素」においては，主食，主菜，副菜について扱うこととしている。

衣生活については，小・中学校の内容の系統性を図り，これまでの「生活に役立つ物の製作」を中学校と同様の(5)**「生活を豊かにするための布を用いた製作」**としている。小学校においては，生活の中にある布を用いた物に関心をもち，布の特徴を生かして生活を豊かにするための物を考えて製作できるようにするとともに，生活を楽しもうとする態度の育成につなげることを意図したものである。その際，製作における基礎的・基本的な知識及び技能を確実に習得するために，袋など一部の題材を指定している。

また，(4)**「衣服の着用と手入れ」**のアの(ア)「衣服の働き」の学習では，「A家族・家庭生活」の(1)のアで触れた健康・快適・安全などの視点と関連させて，衣服の着用，手入れの大切さに気付かせるようにしている。さらに，季節に合わせた着方などにおいて，衣生活文化のよさや大切さに気付くことができるようにしている。

住生活については，「住まいの働き」に関する内容を新設し，「A家族・家庭生活」の(1)のアで触れた健康・快適・安全などの視点と関連させて，住生活の大切さに気付かせるようにしている。小・中学校の内容の系統性を図り，中学校で扱う「住居の基本的な機能」の一部を「住まいの主な働き」として扱うこととしている。また，小学校と中学校の内容を整理し，「音」については，季節の変化に合わせた住まい方において取り上げることとしている。さらに，季節の変化に合わせた住まい方については，日常着の快適な着方と関連を図るとともに，住生活文化のよさや大切さにも気付くことができるようにしている。

C　消費生活・環境

内容「C消費生活・環境」については，小・中学校の内容の系統性を図り，自立した消費者を育成するために，消費者教育に関する内容の一層の充実を図っている。小学校では，「買物の仕組みや消費者の役割」を新設し，中学校における「売買契約の仕組み」や「消費者の基本的な権利と責任」「消費者被害への対応」の基礎となる学習ができるようにしている。また，(1)**「物や金銭の使い方と買物」**のアの(ア)「消費者の役割」の学習では，「A家族・家庭生活」の(1)のアで触れた持続可能な社会の構築の視点と関連させて，消費生活や環境に配慮した生活の大切さに気付くことができるようにしている。従前と同様，消費生活と環境に関する学習の関連を図ることにより，限りある物や金銭が大切であることや，自分の生活が身近な環境に与える影響に気付き，持続可能な社会の構築に向けて，主体的に生活を工夫できる消費者としての素地を育てることを意図したものである。

3 家庭科の授業づくり

1 家庭科における学習過程

　1において述べた三つの柱に沿った資質・能力の育成を目指し，家庭科を「どのように学ぶのか」，資質・能力を育成する学びの過程について述べる。平成28年12月中教審答申では，「家庭科で育成することを目指す資質・能力は，『生活の営みに係る見方・考え方』を働かせつつ，生活の中の様々な問題の中から課題を設定し，その解決を目指して解決方法を検討し，計画を立てて実践するとともに，その結果を評価・改善するという活動の中で育成できる」とし，家庭科の学習過程を下図のように4段階で示している。

家庭科，技術・家庭科（家庭分野）の学習過程のイメージ

生活の課題発見	解決方法の検討と計画		課題解決に向けた実践活動	実践活動の評価・改善		家庭・地域での実践
既習の知識・技能や生活経験を基に生活を見つめ，生活の中から問題を見いだし，解決すべき課題を設定する	生活に関わる知識・技能を習得し，解決方法を検討する	解決の見通しをもち，計画を立てる	生活に関わる知識・技能を活用して，調理・制作等の実習や，調査・交流活動などを行う	実践した結果を評価する	結果を発表し，改善策を検討する	改善策を家庭・地域で実践する

それぞれの段階で育成する力について確認してみよう。

①生活の課題発見
既習の知識・技能や生活経験を基に生活を見つめることを通して，日常生活の中から問題を見いだし，解決すべき課題を設定する力を育成する

ポイント：自分の生活の実態に基づいて問題を認識し，解決すべき課題について考え，課題を明確化すること

②解決方法の検討と計画
生活に関わる知識・技能を習得し，解決方法を検討し，解決の見通しをもって計画を立てる際，生活課題について自分の生活経験と関連付け，様々な解決方法を考える力を育成する

ポイント：他者の思いや考えを聞いたり，自分の考えを分かりやすく伝えたりして計画について評価・改善し，よりよい方法を判断・決定できるようにすること

③課題解決に向けた実践活動
学習した知識・技能を活用し，調理・製作等の実習や，調査，交流活動等を通して，課題の解決に向けて実践する力を育成する

ポイント：知識・技能を活用することにより，その一層の定着を図ること

④実践活動の評価・改善
実践した結果等を振り返り，考えたことを発表し合い，他者からの意見を踏まえて改善方法を考えるなど，実践活動を評価・改善する力を育成する

ポイント：自分の考えを根拠や理由を明確にして分かりやすく説明したり，発表したりできるようにすること

このような一連の学習過程を通して，児童が課題を解決できた達成感や実践する喜びを味わい，次の学習に主体的に取り組むことができるようにする。

また，2学年間を見通して，このような学習過程を工夫した題材を計画的に配列し，課題を解決する力を養うことが大切である。なお，この学習過程は，児童の状況や題材構成等に応じて異なることに留意する必要がある。家庭や地域での実践についても一連の学習過程として位置付けることが考えられる。

2 「主体的・対話的で深い学び」の実現に向けた授業改善

ここでは，1で述べた資質・能力を育成するために，前述の家庭科の学習過程において「どのように学ぶのか」，「主体的な学び」「対話的な学び」「深い学び」の視点から，「見方・考え方」を働かせて資質・能力を育成する授業づくりについて述べる。

「主体的な学び」の視点

題材を通して見通しをもち，日常生活の課題の発見や解決に取り組んだり，基礎的・基本的な知識及び技能の習得に粘り強く取り組んだり，実践を振り返って新たな課題を見付けたりすることがポイント

題材を通して見通しをもたせる場面では，何のために学習するのか，その目的を明確にすることによって，児童が学ぶ意義を自覚できるようにすることが大切である。そのためには，毎日同じように繰り返される日常生活の営みへの興味・関心を喚起し，日常生活の中から問題を見いだして課題を設定し，その解決に取り組むことができるようにしたい。例えば「おいしいご飯とみそ汁はどのようにして作るのだろう？」という題材を通した課題をもち，追究する児童の意識の流れに沿って学習が展開するよう学習過程を工夫することが大切である。また，生活経験の少ない児童が，「なぜ，そのようにするのだろう？」と疑問をもち，試行錯誤する活動を通して基礎的・基本的な知識及び技能の習得に粘り強く取り組むことができるようにする。

題材を振り返る場面では，実践を評価し，改善策を考えたり，新たな課題を見付け，次の学びにつなげたりするなど，児童が，生活の課題を解決しようと学び続けることができるようにすることが重要である。そのためには，学習した内容を実際の生活で生かす場面を設定し，自分の生活が家庭や地域と深く関わっていることを認識したり，自分の成長を自覚し，実践する喜びに気付いたりすることができる活動などを充実させる必要がある。

「対話的な学び」の視点

児童同士で協働したり，意見を共有して互いの考えを深めたり，家族や身近な人々などとの会話を通して考えを明確にしたりするなど，自らの考えを広げ深めることがポイント

「対話的な学び」は，**題材のあらゆる場面**で設定することが考えられる。例えば，**解決方法を探る場面**では，試しの活動や実験・実習等を協働して行い，その結果をグループで話し合うことにより，自分の考えと友達の考えの共通点や相違点を見付け，より深く考えることができ

る。その際，グループの考えをホワイトボードに整理し，それらを集約・分類するなど，互い
の考えを可視化し，比較できるようにすることが大切である。各自が立てた計画を検討し合う
場面では，材料や味の付け方などは好みによって異なる場合が考えられるが，各自の思いや願
いを友達に伝えることにより，適切なアドバイスを得ることができる。**実践を振り返る場面で**
は，グループでそれぞれが発表して終わるのではなく，「なぜ，その方法にしたのか？」など，
ペアで聞き合うなどの活動も考えられる。

　また，家庭科においては，自分の生活における課題を解決するために，家族にインタビュー
する活動や地域の人々から学ぶ活動などが取り入れられている。家族や身近な人々など他者と
の関わりを通して，児童が自分の考えを明確にし，考えを広げることができるようにすること
が大切である。例えば，野菜のいため方をどのように工夫しているのかについて，家族に聞い
たり，レストランのシェフに質問したりして課題を見付けることなどが考えられる。

「深い学び」の視点

児童が日常生活の中から問題を見いだして課題を設定し，その解決に向けて様々な解決方法を
考え，計画を立てて実践し，その結果を評価・改善し，さらに家庭や地域で実践するなどの一
連の学習過程の中で，「生活の営みに係る見方・考え方」を働かせながら，課題の解決に向け
て自分なりに考え，表現するなどして資質・能力を身に付けることがポイント

　課題解決に向かう中で，児童が既習事項や生活経験と関連付けて意見交流したり，家庭で調
べたことを発表し合ったりする活動を通して，「生活の営みに係る見方・考え方」を拠り所と
して，解決方法を検討する。実践活動を振り返る中でこの見方・考え方を働かせて改善策を考
える。**こうした学習過程において，児童が「生活の営みに係る見方・考え方」を働かせること
ができていたかを確認しつつ，指導の改善につなげることが大切である。**

　このような学びを通して，日常生活に必要な事実的な知識が概念化されて質的に高まったり，
技能の定着が図られたりする。また，このような学びの中で同時に「主体的な学び」や「対話
的な学び」を充実させることによって，家庭科が目指す「思考力，判断力，表現力等」も豊か
なものとなり，生活をよりよくしようと工夫する資質・能力が育まれることになる。「深い学
び」の視点から授業改善し，児童が「見方・考え方」を働かせて学ぶことができるような授業
デザインを考えることが求められている。

3　家庭科における「見方・考え方」

　「主体的・対話的で深い学び」の実現に向けた授業改善を進めるに当たり，特に，「深い学
び」の視点に関して，家庭科における学びの深まりの鍵となるのが，目標の柱書に位置付けら
れた「生活の営みに係る見方・考え方」である。

　家庭科が学習対象としている「家族や家庭，衣食住，消費や環境などに係る生活事象を，協
力・協働，健康・快適・安全，生活文化の継承・創造，持続可能な社会の構築等の視点で捉え，

生涯にわたって，自立し共に生きる生活を創造できるよう，よりよい生活を営むために工夫すること」を示したものである。

図は，家庭科の内容と「生活の営みに係る見方・考え方」における視点との関係について示したものである。例えば，家族・家庭生活に関する内容では，主に「協力・協働」，衣食住の生活に関する内容では，主

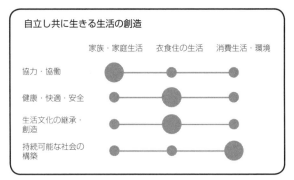

家庭科の内容と「生活の営みに係る見方」における視点

自立し共に生きる生活の創造

※主として捉える視点については大きい丸で示している。

に「健康・快適・安全」や「生活文化の継承・創造」，さらに，消費生活・環境に関する内容では，主に「持続可能な社会の構築」の視点から物事を考察することが考えられる。なお，小学校においては，「協力・協働」は「家族や地域の人々との協力」，「生活文化の継承・創造」は「生活文化の大切さに気付くこと」を視点として扱うことに留意する。この「見方・考え方」に示される視点は，家庭科で扱う全ての内容に共通する視点であり，相互に関わり合うものである。したがって，児童の発達の段階を踏まえるとともに，取り上げる内容や題材構成等によって，いずれの視点を重視するのかを適切に定めることが大切である。題材を複数の内容から構成する場合は，これらを踏まえ，題材における見方・考え方の視点の重点の置き方を検討する必要がある。

4 家庭科における ICT（1人1台端末）を活用した授業づくり

家庭科では，「生活の営みに係る見方・考え方」を働かせ，衣食住などに関する実践的・体験的な活動を通して，生活をよりよくしようと工夫する資質・能力を育成すること」を目指している。この資質・能力を育成するためには，課題の発見，計画，実践，評価・改善という一連の学習過程において「主体的・対話的で深い学び」の視点からの授業改善を行うことが大切である。GIGA スクール構想（1人1台端末・高速ネットワーク）により，ICT の特性，強みを生かした教育活動を行うことで，「個別最適な学び」と「協働的な学び」の一体的な充実[1]を進め，「主体的・対話的で・深い学び」の視点からの授業改善につなげることが期待される。児童の思考の過程や結果を可視化したり，考えたことを瞬時に共有化したり，情報を収集し，編集したりすることを繰り返し行い，試行錯誤する学習場面において，コンピュータや情報通信ネットワーク積極的に活用することが求められている。家庭科においては，日常生活の中から問題を見いだして課題を設定したり，解決したりする際に，情報通信ネットワークを活用して調べ，その情報を収集・整理することや，観察・実験・実習等の結果や考察したことを分かりやすく表現したり，実践の結果をまとめて発表したりする際に活用することが考えられる。

ここでは，GIGA スクール構想により整備された1人1台端末を活用した授業づくりについて，文部科学省の「GIGA スクール構想のもとでの各教科等の指導についての参考資料（令和3年6月）」[2]をもとに具体的に述べる。（網がけは参考資料より抜粋）家庭科の特質を踏まえた各学習過程における1人1台端末を活用する際のポイントは，次のとおりである。

各学習過程における1人1台端末の効果的な活用

1 生活の課題発見

生活を見つめ，生活の中から問題を見いだし，解決すべき課題を設定する場面
撮影しておいた生活事象の前後の写真や動画等を同時に閲覧することにより，生活の中にある問題を見いだしたり，一人一人の知的好奇心を喚起したりする。また，一人一人の問題意識や気付きをメモに入力し，データを共有することで，課題設定につなげる。

　題材の導入で，生活場面の写真や動画を用い，「何が課題なのか」を見付けたり，なぜそのようにするのか」について考えたりすることにより，学習への興味・関心や意欲を高めることが考えられる。例えば，整理・整頓の前後の写真を二画面で投影したり，ほこりが舞い上がる様子を動画で見せたりすることにより，整理・整頓や清掃の必要性について考えたり，問題を見いだし，課題を設定したりすることが考えられる。Chapter 3の事例11では，校内の写真を共有し，整理・整頓の課題の設定につなげている。

2 解決方法の検討と計画

生活に関わる知識及び技能を習得し，解決方法を検討する場面
調理や製作における作業工程等をクラウド上に保存した動画の URL を子供たちに一斉送信することにより，情報を共有するとともに，情報を一人一人が端末に保存し，繰り返し動画を閲覧することで，知識及び技能の習得につなげる。

　知識及び技能の習得場面で，写真や動画を拡大したり編集したりして見せることにより，学習内容の理解を図ることが考えられる。例えば，調理や製作の示範で，教師の細かな手の動きを拡大することにより，児童は，そのポイントを明確につかむことができる。また，玉結びの仕方を1人1台端末を用いて動画で確認し，自分の玉結びと比べてどこが違うのかを考え，何度も確認しながら練習し，技能の習得を図ることができる。「ミシンの上糸や下糸のかけ方」，「包丁の扱い方や材料の切り方」などの示範や，「手洗いの仕方」「なみ縫いや返し縫いの縫い方」における手の使い方・動かし方などについても動画を用いることにより，同様に具体的なイメージをもたせることが期待できる。さらに，実験，実習等で活用することにより，実感を

1　文部科学省「学習指導要領の趣旨の実現に向けた個別最適な学びと協働的な学びの一体的な充実に関する参考資料」（令和3年3月版）
2　文部科学省「GIGA スクール構想のもとでの小学校家庭科の指導について」
　＊Chapter 3の各事例，Chapter 4のQ＆Aにおいて参考としている

伴って理解を深めることができる。事例3では，測定した音の大きさや音の感じ方をグラフに記入し，可視化することにより，音の感じ方が人それぞれであることを科学的に理解することができ，解決方法の検討につながる。観察，実験，実習等の結果の図表やグラフ，写真等をプレゼンテーションソフトを用いてまとめ，発表することにより，考えを共有することができる。

解決の見通しをもち，計画を立てる場面

クラウド上に保存してある過去の作品や作り方の詳細な写真や動画データを繰り返し閲覧し，活用することにより，一人一人の調理・製作等の計画の立案につなげる。

　調理や製作，献立作成等について，児童が各自の課題に取り組む際，クラウド上の共有フォルダに保存してある過去の作品や調理，献立等を活用することが考えられる。事例9では，作りたいグッズを考え，作り方の写真や動画から情報を収集し，製作計画を立てている。事例7では，クラウド上に用意されている料理の一覧から主菜，副菜を選び，栄養バランスを確認して，一食分の献立作成につなげている。また，教師がそれらを学習支援ソフトを活用して収集し，電子黒板で共有することにより，児童が自分の製作計画や献立の見直しに生かすことが考えられる。

3　課題解決に向けた実践活動

生活に関わる知識及び技能を活用して調理・製作等の実習や調査・交流活動などを行う場面

・各自が収集した情報（作品等の写真，動画データ）を保存することにより，それらを活用して解決方法を検討できるようにする。
・試行錯誤した足跡を残すことで，自己の変容を自覚できるようにする。
・互いの実習する様子を撮影し保存することで，各自の技能や言動を可視化し，技能の習得状況の把握や自己評価・改善に生かすことができるようにする。

　調理や製作の過程で，例えば，「切り方」や「縫い方」の動画を活用することにより，一人一人の理解やつまずきの状況に応じた学びを進めることができ，児童の知識及び技能の定着につなげることが考えられる。事例10では，製作の中でつまづいた時やミシン操作を確認したいときに，写真や動画を繰り返し活用している。一人一人が異なる物を製作したり，調理したりする場合，児童の技能や進度に応じた学習を進める上で有効である。また，実践活動においては，注目したいプロセスや完成した作品・調理などを写真や動画として撮影し，それを振り返りに活用し，技能の習得状況を把握したり，自己評価などに生かすことが考えられる。事例8では，実習前後の写真を比べ，衣服の汚れの落ち方や色の変化などを確認している。

4　実践活動の評価・改善

実践した結果を評価・改善したり，改善策を検討したりする場面

・撮影した動画により，自己の実習等の様子（言動）を振り返り，自己理解や自己評価・

・課題の振り返りを保存することで，自己の成長や思考の変容の様子を確認することができるようにする。

　調理の様子等を撮影した動画により，自らの調理について振り返り，次の課題を見付けたり，改善策を検討したりすることが考えられる。また，友達の調理の工夫を大画面で共有し，自分の調理に生かすことができる。さらに，相互評価の根拠としても活用することが考えられる。事例8では，環境などの視点から洗濯の仕方を振り返り，改善につなげている。振り返りを保存することで，自己の成長や思考の変容の様子，これからの課題を確認することができる。

5　家庭・地域での実践

家庭や地域での実践活動を振り返り，評価・改善する場面

・家庭や地域での実践の様子について，写真や動画での撮影，保護者からのコメントなどを保存し，その情報を共有することで，具体的な説明につなげたり，実践の改善に生かしたりすることができるようにする。
・学習支援ソフトの一覧表示する機能を活用することで，自己評価，相互評価に生かすことができるようにする。

　家庭や地域での実践活動については，例えば，朝食の調理や家庭の仕事実践，生活の課題と実践の様子を撮影した写真や動画，保護者からのコメントなどを保存し，実践発表会などの具体的な発表に生かしたり，互いの工夫点を学び合い，実践の改善に生かしたりすることが考えられる。また，これらの写真等は，作品集やレシピ集の資料とすることが考えられる。さらに，学習支援ソフトの一覧表示する機能を活用することで，家庭実践のまとめを互いに共有し，自己評価，相互評価に生かすことができるようにすることが考えられる。

　このように，児童がより具体的なイメージをもって課題を設定し，見通しをもって主体的に学習を進めたり，互いの考えを共有して思考を深めたり，振り返って新たな課題を見付けたりする活動を充実することが重要である。各事例のICT（1人1台端末）の活用については，資料1・2に示すとおりである。

資料1　各事例で取り上げたICT（1人1台端末）の活用場面

場面 ＼ 事例	1	2	3	4	5	6	7	8	9	10	11	12	13	14	15
1　生活の課題発見	●○			○						○	○	○	○		
2　解決方法の検討			●				○		○		●			●	
計画		●		●		●		●	●	●		●	●	●	●
3　課題解決に向けた実践活動				○	○	○		●		○					
4　実践活動の評価・改善		○		●	○		●	●				○			○
5　家庭・地域での実践				○	○						○				○

●本時　○その他の時間　※各事例の「ICT（1人1台端末）の主な活用場面と活用のポイント」を参照

資料2　題材における ICT（1人1台端末）の活用　（事例5）

題材	おいしく作ろう　ごはんと秋のオリジナルみそ汁を作ろう　（10時間）		
小題材（時数）	(1)日常の食事を見つめよう(1)	(2)おいしいごはんとみそ汁を作ろう(7)	(3)家族と食べるおいしいごはんと秋のオリジナルみそ汁をエ夫しよう(2)
学習過程	1. 生活の課題発見 ・問題を見いだし、課題を見つめる ・課題を見つめる	2. 解決方法の検討と計画 ・知識及び技能を習得し、解決方法を検討する ・知識及び技能を活用し、みそ汁の調理計画を立てる	3. 課題解決に向けた実践活動 ・解決の見通しをもち、調理、製作等の実習や、調査、交流活動などを行う 4. 実践活動の評価・改善 ・実践した結果を評価する ・結果を発表し、改善策を検討する
活用場面	・日常の食事について振り返る場面【1時間目】 ・米飯及びみそ汁の調理の仕方について、疑問を出し合う場面【2時間目】	・みそ汁の調理の仕方を調べる場面【5時間目】 ・みそ汁の調理計画（1人1調理）を立てる場面【6時間目】	・みそ汁の実習場面（1人1調理）【7・8時間目】 ・みそ汁のおいしいごはんと食べるオリジナルみそ汁の調理計画を立てる場面【9時間目】 ・家庭実践を記録する場面【課外】 ・「家族と食べる秋のおいしいごはんとみそ汁のオリジナル」の実践を評価・改善する場面【10時間目】
学習活動	◆外国の食卓と日本の食卓の写真を学習支援ソフトを活用して画面共有し、大型提示装置に映して米飯とみそ汁のよさについて考える。我が国の伝統的な食事である米飯とみそ汁に興味・関心をもち、学習に対する意欲を高めることができる。	◆1人1台端末を活用して、みそ汁の実の入れ方の実験について考えをまとめ、発表することができる。 ◆1人1台端末を活用してみその調理計画（1人1調理）を立てる。	◆ペアで互いの実習の様子を撮影し、振り返りを行う。 ◆1人1台端末を活用して、実やや手順を考え、「家族と食べるおいしいごはんと秋のオリジナルみそ汁」の調理計画を立てる。 ◆調理計画を各グループで発表し合い、互いのアドバイスを参考に改善する。
活用のメリット		・写真を活用することで、実験結果を分かりやすく発表することができる。考えが深まり、意見交換ができ、短時間でデジタル付箋にコメントし、共有することで調理設定の立案につなげることができる。	・ペアで実習の様子を撮影し保存することで、各自が習得状況を把握し、自己評価につなげることができる。 ・家庭実践の写真や動画を活用してまとめることで、分かりやすく発表することができ、友達の実践のイメージをもつことができる。 ・クラウド上に保存しておくことで、短時間で調理計画の立案ができる。
学習形態	一斉学習・個別学習	個別学習・協働学習	個別学習・協働学習

【活用したソフトや機能】学習支援ソフト、カメラ機能、コメント機能、プレゼンテーション機能、ファイル共有機能

単位時間の学習において ICT（1人1台端末）を活用する際のポイントは次のとおりである。

・導入の場面では，今日の学習課題が何かを明確にするために活用することがポイントとなる。例えば，電子黒板等に教師が生活場面の写真や動画を提示したり，児童へのアンケート結果を提示したりして意識を高めることが考えられる。

・展開の場面では，課題解決のために追究するツールとして活用することがポイントとなる。例えば，実験結果を記録したり，互いの考えを交流してまとめたり，実習の様子を撮影して振り返ったりするなど，学習の主体となる児童自身が活用し，課題を解決することが考えられる。

・まとめの場面では，課題を追究して分かったことをまとめる際に活用することがポイントとなる。例えば，児童がまとめたワークシート等を電子黒板に提示して全体で共有することが考えられる。また，教師が活用し，その時間のポイントを提示するなど，本時のまとめをすることが考えられる。

ICT（1人1台端末）はあくまでもツールであり，具体的な活用の目的や場面等に十分留意する必要がある。家庭科の一連の学習過程のどの場面で活用するのかを検討し，学習指導を一層充実し，家庭科で目指す資質・能力を確実に育成することが重要である。

5 学びの過程における困難さに対する指導の工夫

通常の学級においても発達障害を含む障害のある児童が在籍している可能性があることを踏まえ，家庭科においては，一人一人の教育的ニーズに応じたきめ細かな指導や支援ができるよう，障害種別の指導の工夫のみならず，学びの過程において考えられる困難さに対する指導の工夫の意図，手立てを明確にすることが重要である。その際，家庭科の目標や内容の趣旨，学習活動のねらいを踏まえ，学習内容の変更や学習活動の代替を安易に行うことがないよう留意するとともに，児童の学習負担や心理面にも配慮する必要がある。

家庭科における配慮として，次のようなことが考えられる。

○学習に集中したり，持続したりすることが難しい場合

落ち着いて学習できるようにするため，道具や材料を必要最小限に抑えて準備したり，整理・整頓された学習環境で学習できるよう工夫したりすることが考えられる。

例えば，家庭科室の前面には物を置かず，道具類を全て棚の中にしまったり，中身の見える棚の場合には，カーテンで目隠ししたりすることなどが考えられる。（資料1）

また，掲示物についても学習に関わる資料

資料1

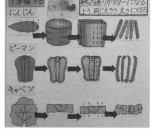
資料2　材料の切り方

を精選して側面の壁に貼ることなどが考えられる。（資料２）机の上には必要な物だけを置き，やるべきことに集中できるようにすることも大切である。

○活動への関心をもつことが難しい場合

　約束や注意点，手順等を視覚的に捉えられる掲示物やカードを明示することが考えられる。例えば，ミシンを置く場所は，定位置とし，いつも同じミシンを使用できるよう，名前を貼ったり，ミシンの使用上の注意点をイラスト入りのカードにまとめたりすることなどが考えられる。（資料３）「自分のミシン」に愛着をもつことにより大切に扱うことができる。正しい使い方を明示することにより，故障などのトラブルが少なくなる。

資料３　ミシン使用上の注意点

　また，学習活動の見通しをもたせることも大切である。授業の始めに，例えば，「①めあてを確認する」「②グループで話し合う」「③全体で話し合う」「④ペアで実習する」「⑤ふり返りをする」などの学習の流れを示すようにすることにより，児童は，細かな指示がなくても見通しをもって意欲的に学習に取り組むことができる。特に，実習を中心とする授業では，いつも同じ流れで行うようにすることなどが考えられる。

　さらに，体感できる教材・教具や動画を活用して関心を高めることが考えられる。例えば，「なみ縫い」，「半返し縫い」，「本返し縫い」のそれぞれの縫い方で作った不織布の袋を用意し，引っ張ったり，裏返したりしながら，これらの縫い方の特徴を理解し，どの部分をどの縫い方で縫うとよいのかを話し合うことなどが考えられる。その際，丈夫さについては，縫い目を引っ張り，ほつれやすさを試してみることなどが考えられる。縫い方については，１人１台端末を活用し，クラウド上に保存してある動画を繰り返し確認したり，静止画を拡大したりして，理解を深めることが考えられる。（資料４）

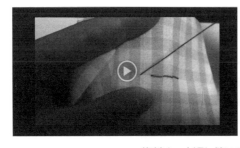

資料４　本返し縫いの動画（右は縫い始め）

　「なみ縫い」の指導に当たっては，ギンガムチェックの布を活用することにより，どのくらいの幅で縫ったらよいのか，どこを縫ったらよいのかを目で見て分かるようにすることも大切である。チェック柄に沿って縫うとまっすぐに縫うことができ，児童は技能の向上を実感し，意欲的に取り組むことができる。（資料５）

資料５　なみ縫いの練習

○周囲の状況に気が散りやすく，包丁，アイロン，ミシンなどの用具を安全に使用することが難しい場合

　手元に集中して安全に作業に取り組めるよう，実習室の一部に個別の対応ができるような作業スペースを設定したり，個別指導ができる作業時間や支援する人材を確保したりすることなどが考えられる。

6　家庭や地域との連携

　家庭科で学習したことを家庭生活に生かし，継続的に実践することにより，知識及び技能などの定着を図ることができる。また，家庭でのインタビューなどは，課題を発見したり，解決方法を考えたりする上で効果的であり，学習を効率的に進めることができる。そのためには，家庭との連携を図る必要がある。例えば，家庭科の学習のねらいや内容について，授業参観や学年便りなどにより情報を提供するなど，家族が家庭科の学習の意義や内容について理解できるようにすることが大切である。家庭での実践が計画されていることを事前に伝えたり，協力を依頼したりすることにより，家庭での実践への理解が深まり，日常生活や長期休業中の家庭生活で充実した実践ができるようになる。

　さらに，幼児又は低学年の児童や高齢者など異なる世代の人々と関わる活動等も考えられることから，学校や地域の実態に応じて，人的又は物的な支援体制を地域の人々の協力を得ながら整えるなど，地域との連携を図ることが大切である。生活文化の大切さを伝える活動などに地域の人を招いたり，インタビューしたりする活動などに地域の高齢者の協力を得ることにより，効果的な学習を展開することなどが考えられる。

　特に，「A家族・家庭生活」の(4)「家族・家庭生活についての課題と実践」において，家庭や地域と積極的に連携を図り，効果的に学習が進められるようにすることが大切である。

4　家庭科における学習評価

1　学習評価の基本的な考え方

　今回の学習指導要領の改訂では，各教科等の目標や内容を「知識及び技能」，「思考力，判断力，表現力等」，「学びに向かう力，人間性等」の資質・能力の三つの柱で再整理したことを踏まえ，これらの資質・能力に関わる「知識・技能」，「思考・判断・表現」，「主体的に学習に取り組む態度」の3観点から評価するものとして整理された。「主体的に学習に取り組む態度」の観点については，答申[3]において，「学びに向かう力・人間性等」には，「主体的に学習に取

3　中央教育審議会『幼稚園，小学校，中学校，高等学校及び特別支援学校の学習指導要領等の改善及び必要な方策等について（答申）』平成28年12月21日

り組む態度」として観点別評価を通じて見取ることができる部分と，観点別評価や評定にはなじまず個人内評価を通じて見取る部分があることに留意する必要があるとしている。その上で，報告[4]や通知[5]において，知識及び技能を獲得したり，思考力・判断力・表現力等を身に付けたりすることに向けた粘り強い取組の中で，自らの学習を調整しようとしているかどうかを含めて評価するとしている。

2 家庭科の評価の観点とその趣旨

　家庭科の評価の観点については，こうした考え方に基づいて，これまでの「生活の技能」と「家庭生活についての知識・理解」を「知識・技能」の観点として整理している。

目　標

　生活の営みに係る見方・考え方を働かせ，衣食住などに関する実践的・体験的な活動を通して，生活をよりよくしようと工夫する資質・能力を次のとおり育成することを目指す。

(1)	(2)	(3)
家族や家庭，衣食住，消費や環境などについて，日常生活に必要な基礎的な理解を図るとともに，それらに係る技能を身に付けるようにする。	日常生活の中から問題を見いだして課題を設定し，様々な解決方法を考え，実践を評価・改善し，考えたことを表現するなど，課題を解決する力を養う。	家庭生活を大切にする心情を育み，家族や地域の人々との関わりを考え，家族の一員として，生活をよりよくしようと工夫する実践的な態度を養う。

評価の観点及びその趣旨

知識・技能	思考・判断・表現	主体的に学習に取り組む態度
日常生活に必要な家族や家庭，衣食住，消費や環境などについて理解しているとともに，それらに係る技能を身に付けている。	日常生活の中から問題を見いだして課題を設定し，様々な解決方法を考え，実践を評価・改善し，考えたことを表現するなどして課題を解決する力を身に付けている。	家族の一員として，生活をよりよくしようと，課題の解決に主体的に取り組んだり，振り返って改善したりして，生活を工夫し，実践しようとしている。

4　平成31年1月21日　中央教育審議会初等中等教育分科会教育課程部会報告「児童生徒の学習評価の在り方について（報告）」
5　平成31年3月29日付け文部科学省初等中等教育局長通知「小学校，中学校，高等学校及び特別支援学校等における児童生徒の学習評価及び指導要録の改善等について（通知）」

ここでは，評価の観点ごとに，その趣旨と実際の評価に当たっての留意点などを解説する。

「知識・技能」の評価

この観点は，家庭科の教科の目標の(1)と関わっており，学習過程を通した個別の知識及び技能の習得状況について評価するとともに，それらを既有の知識及び技能と関連付けたり活用したりする中で，概念等として理解したり，技能を習得したりしているかについて評価する。

＜留意点＞なぜ，そのようにするのか，手順の根拠など，技能の裏づけとなる知識を確実に身に付け，学習過程において学習内容の本質を深く理解するための概念の形成につながるようにすることを重視したものである。また，基礎的・基本的な知識及び技能を身に付けるだけではなく，それらを活用する中で，新しい知識を獲得するなど，知識の理解の質を高めることを目指したものである。

したがって，「知識」については，日常生活に必要な家族や家庭，衣食住，消費や環境などに関する基礎的・基本的な知識を身に付けているか，家族などの「人」，衣服や食物などの「もの」「時間」「金銭」など家庭生活を構成している要素が分かり，その成り立ちや意味について理解しているかについて評価するとともに，概念等の理解につながっているかを評価する方法についても検討することが大切である。「技能」についても同様に，一定の手順や段階を追って身に付く個別の技能だけではなく，それらが自分の経験や他の技能と関連付けられ，変化する状況や課題に応じて主体的に活用できる技能として身に付いているかについて評価することに留意する必要がある。なお，「技能」については，例えば，調理など，日常生活における児童の経験が影響する場合も考えられることから，実習等においては，それらにも配慮して適切に評価することが求められる。

「思考・判断・表現」の評価

この観点は，これまでの「生活を創意工夫する能力」の趣旨を踏まえたものであるが，目標の(2)に示した一連の学習過程を通して，習得した「知識及び技能」を活用して思考力・判断力・表現力等を育成し，課題を解決する力が身に付いているかについて評価する。具体的には，①日常生活の中から問題を見いだし，解決すべき課題を設定しているか，②解決の見通しをもって計画を立てる際，生活課題について自分の生活経験と関連付け，様々な解決方法を考えているか，③課題の解決に向けて実践した結果を評価・改善しているか，④計画や実践について評価・改善する際に，考えたことを分かりやすく表現しているかなどについて評価する。

＜留意点＞従前の「生活を創意工夫する能力」の観点においても学習過程での思考や工夫を評価することとしていたが，知識及び技能を活用して自分なりに工夫しているかについて評価することに重点を置く傾向が見られた。今回の改善では，例えば，おいしく調理するために，児童が考えたり創意工夫したりしたことについて評価するだけではなく，それに向けて課題をもち，計画を立てて，実践を評価・改善するまでのプロセスについて評価することに留意する必要がある。

「主体的に学習に取り組む態度」の評価

　この観点は，目標の(3)を踏まえ，従前の「家庭生活への関心・意欲・態度」の観点と同様に，「生活をよりよくしようと工夫する実践的な態度」について評価することとしている。前述のように①知識及び技能を獲得したり，思考力・判断力・表現力等を身に付けたりすることに向けた粘り強い取組を行おうとしている側面と，②粘り強い取組の中で，自らの学習を調整しようとする側面の二つの側面から評価するものであり，これらは相互に関わり合うものであることに留意する必要がある。例えば，製作の場合，作りたい作品の完成に向けて，粘り強く縫い方に関する基礎的・基本的な知識及び技能を身に付けたり，製作計画や製作に取り組んだりしているかや，うまくいかなかったことなどを振り返って計画を修正するなど，自らの学習を調整しようとしているかなどについて評価することが考えられる。

＜留意点＞この観点と関わる目標の(3)は，(1)及び(2)で身に付けた資質・能力を活用し，家族の一員として，生活をよりよくしようと工夫する実践的な態度を養うことを明確にしており，この観点は，他の二つの観点とも密接に関わっていることに留意する必要がある。さらに，衣食住を中心とした生活の営みを大切にしようとしているか，家族の一員として協力しようとしているか，地域の人々と関わり，協力しようとしているかなどについても併せて評価するものである。

　これらの三つの観点は，相互に関連し合っているので，各学校においては，評価の観点及びその趣旨を十分理解して適切な指導と評価の計画を作成することが重要である。

3　学習評価の進め方

　家庭科の指導は，教科目標の実現を目指し，適切な題材を設定して指導計画の作成，授業実践，評価という一連の活動を繰り返して展開されている。児童の学習状況の評価は，教科目標の実現状況をみると同時に，教師の指導計画や評価方法等を見直して学習指導の改善に生かすために行っている。すなわち，指導に生かす評価を工夫し，指導と評価の一体化を目指すことが求められている。

　題材における観点別学習状況の評価を実施するに当たっては，まずは年間の指導と評価の計画を確認し，その上で学習指導要領の目標や内容，「内容のまとまりごとの評価規準」[6]の考え方等を踏まえ，以下のように進める。また，1〜3については，次の点に留意する。

6　国立教育政策研究所『「指導と評価の一体化」のための学習評価に関する参考資料　小学校家庭』（令和2年3月）（以下，「参考資料」）第2編，第3編
＊Chapter3の各事例，Chapter 4のQ＆Aにおいて参考としている

1　題材の検討

　題材の設定に当たっては，児童の発達の段階等に応じて，効果的な学習が展開できるよう，内容「A家族・家庭生活」から「C消費生活・環境」までの各項目及び指導事項の相互の関連を図るとともに，学校，地域の実態，児童の興味・関心等に応じて，適切な題材を設定することが大切である。

2　題材の目標の設定

　題材の目標は，学習指導要領に示された教科の目標並びに題材で指導する項目及び指導事項を踏まえて設定する。

3　題材の評価規準の設定

　題材の評価規準は，「内容のまとまりごとの評価規準（例）」から題材において指導する項目及び指導事項に関係する部分を抜き出し，評価の観点ごとに整理・統合，具体化するなどして設定する。その際，「内容のまとまりごとの評価規準（例）」及び作成する際の観点ごとのポイントについては，参考資料の第2編を参照する。今回の学習指導要領においては，「内容のまとまり」ごとに育成を目指す資質・能力が示されている。家庭科の「内容のまとまり」は，「第2　各学年の内容」「1　内容」に示されている。この内容の記載がそのまま学習指導の目標になりうるため，内容の記載事項の文末を「～すること」から「～している」と変換したものなどを「内容のまとまりごとの評価規準」としている。すなわち，学習指導要領の記載と表裏一体をなす関係にあることに留意する。ただし，「思考・判断・表現」の観点については，学習指導要領の目標の(2)に思考力・判断力・表現力等の育成に係る学習過程が示されているため，これらを踏まえて「内容のまとまりごとの評価規準」を作成する。

　ここでは，事例5「おいしく作ろう　ごはんと秋のオリジナルみそ汁」の題材の評価規準を考えてみよう。内容「B衣食住の生活」の(1)「食事の役割」，(2)「調理の基礎」の「内容のまとまりごとの評価規準」は次ページのとおりである。知識・技能の観点については，題材で重点を置くものに留意して評価規準を作成する。

題材「おいしく作ろう　ごはんと秋のオリジナルみそ汁（第5学年）」

	知識・技能	思考・判断・表現	主体的に学習に取り組む態度
内容のまとまりごとの評価規準（例）	B(1)ア 　食事の役割が分かり，日常の食事の大切さと食事の仕方について理解している。		家族の一員として，生活をよりよくしようと，食事の役割について，課題の解決に向けて主体的に取り組んだり，振り返って改善したりして，生活を工夫し，実践しようとしている。
	B(2)ア(ア) 　調理に必要な材料の分量や手順が分かり，調理計画について理解している。 B(2)ア(ウ) 　材料に応じた洗い方，調理に適した切り方，味の付け方，盛り付け，配膳及び後片付けを理解しているとともに，適切にできる。 B(2)ア(オ) 　伝統的な日常食である米飯及びみそ汁の調理の仕方を理解しているとともに，適切にできる。	B(2)イ おいしく食べるために調理計画や調理の仕方について問題を見いだして課題を設定し，様々な解決方法を考え，実践を評価・改善し，考えたことを表現するなどして課題を解決する力を身に付けている。	家族の一員として，生活をよりよくしようと，調理の基礎について，課題の解決に向けて主体的に取り組んだり，振り返って改善したりして，生活を工夫し，実践しようとしている。
題材の評価規準	・食事の役割が分かり，日常の食事の大切さについて理解している。 ・調理に必要な材料の分量や手順が分かり，調理計画について理解している。 ・我が国の伝統的な配膳の仕方について理解しているとともに，適切にできる。 ・伝統的な日常食である米飯及びみそ汁の調理の仕方を理解しているとともに，適切にできる。	おいしく食べるために米飯及びみそ汁の調理計画や調理の仕方について問題を見いだして課題を設定し，様々な解決方法を考え，実践を評価・改善し，考えたことを表現するなどして課題を解決する力を身に付けている。	家族の一員として，生活をよりよくしようと，食事の役割，伝統的な日常食である米飯及びみそ汁の調理の仕方について，課題の解決に向けて主体的に取り組んだり，振り返って改善したりして，生活を工夫し，実践しようとしている。

※下線部は「内容のまとまりごとの評価規準（例）」と「題材の評価規準」の記載が異なる部分

4　指導と評価の計画

　評価は，児童の学習状況を捉えるとともに，指導計画に基づいて行われる学習指導の改善を目的として行うものであり，評価を学習指導に反映させるためには，指導計画の立案の段階から評価活動についても計画の中に位置付けていくことが必要である。題材の「指導と評価の計画」の作成の手順は次のとおりである。

① 　題材の目標を踏まえ，毎時間の指導目標や学習活動等を示した指導計画を作成する。
② 　**題材における学習活動に即した具体的な評価規準**を設定し，評価計画に位置付ける。
　　「内容のまとまりごとの評価規準（例）」→「『内容のまとまりごとの評価規準（例）』を具体化した例」→題材における学習活動に即した具体的な評価規準
③ 　学習活動の特質や評価の場面に応じて適切な評価方法を設定する。

②の「『内容のまとまりごとの評価規準（例）』を具体化した例」を作成するためには，「参考資料」第3編の「観点ごとのポイント」にしたがって「内容のまとまりごとの評価規準（例）」を具体化する。その際，「思考・判断・表現」については，教科の目標の(2)に示されている問題解決的な学習過程に沿って授業を展開し，四つの評価規準を設定して評価することに留意する。「主体的に学習に取り組む態度」については，学習過程における一連の学習活動において，粘り強く取り組んだり，その中で学習の進め方について試行錯誤するなど自らの学習を調整したりしようとする態度に加え，実践しようとする態度の三つの側面から評価規準を設定して評価することに留意する。いずれの観点においても，これらの評価規準は，各題材の構成に応じて適切に位置付けることに留意する必要がある。

〈「参考資料」第3編の「観点ごとのポイント」〉

【思考・判断・表現】
①日常生活の中から問題を見いだし，解決すべき課題を設定する力：
　その文末を「～について問題を見いだして課題を設定している」
②課題解決の見通しをもって計画を立てる際，生活課題について自分の生活経験と関連付け，様々な解決方法を考える力：
　その文末を「～について（実践に向けた計画を）考え，工夫している」
③課題の解決に向けて実践した結果を評価・改善する力：
　その文末を「～について，実践を評価したり，改善したりしている」
④計画や実践について評価・改善する際に，考えたことを分かりやすく表現する力：
　その文末を「～についての課題解決に向けた一連の活動について，考えたことを分かりやすく表現している」として，評価規準を設定することができる。

【主体的に学習に取り組む態度】
①粘り強さ：その文末を「～について，課題の解決に主体的に取り組もうとしている」
②自らの学習の調整：その文末を「～について，課題解決に向けた一連の活動を振り返って改善しようとしている」
③実践しようとする態度：その文末を「～について工夫し，実践しようとしている」として，評価規準を設定することができる。

次に，この「『内容のまとまりごとの評価規準（例）』を具体化した例」を基に，学習指導要領解説における記述等を参考に学習活動に即して，具体的な評価規準を設定する。

事例5の題材「おいしく作ろう　ごはんと秋のオリジナルみそ汁」において，この手順に基づいて設定した評価規準は，次ページに示すとおりである。学習活動に即して，「知識・技能」の評価規準①～⑤，「思考・判断・表現」の評価規準①～④，「主体的に学習に取り組む態度」の評価規準①～③を設定している。これらを設定することにより，授業の目標に照らして児童の学習状況を把握することができる。

○題材における学習活動に即した具体的な評価規準

「内容のまとまりごとの評価規準（例）」→「『内容のまとまりごとの評価規準（例）』を具体化した例」→題材における学習活動に即した具体的な評価規準を設定する。

	知識・技能	思考・判断・表現	主体的に学習に取り組む態度
内容のまとまりごとの評価規準（例）	B(1)ア 食事の役割が分かり，日常の食事の大切さと食事の仕方について理解している。		家族の一員として，生活をよりよくしようと，食事の役割について，課題の解決に向けて主体的に取り組んだり，振り返って改善したりして，生活を工夫し，実践しようとしている。
	B(2)ア(ア) 調理に必要な材料の分量や手順が分かり，調理計画について理解している。 B(2)ア(ウ) 材料に応じた洗い方，調理に適した切り方，味の付け方，盛り付け，配膳及び後片付けを理解しているとともに，適切にできる。 B(2)ア(オ) 伝統的な日常食である米及びみそ汁の調理の仕方を理解しているとともに，適切にできる。	B(2)イ おいしく食べるために調理計画や調理の仕方について問題を見いだして課題を設定し，様々な解決方法を考え，実践を評価・改善し，考えたことを表現するなどして課題を解決する力を身に付けている。	家族の一員として，生活をよりよくしようと，調理の基礎について，課題の解決に向けて主体的に取り組んだり，振り返って改善したりして，生活を工夫し，実践しようとしている。

【「B衣食住の生活」の(2)「調理の基礎」】

※波線は p.29「観点ごとのポイント」を参照

	知識・技能	思考・判断・表現	主体的に学習に取り組む態度
内容のまとまりごとの評価規準（例）を具体化した例	(ア)調理に必要な材料の分量や手順が分かり，調理計画について理解している。 (ウ)材料に応じた洗い方，調理に適した切り方，味の付け方，盛り付け，配膳及び後片付けを理解しているとともに，適切にできる。 (オ)伝統的な日常食である米飯及びそ汁の調理の仕方を理解しているとともに，適切にできる。 ・だしのとり方 ・実の切り方 ・実の入れ方 ・みその扱い方	・おいしく食べるために調理計画や調理の仕方について問題を見いだして課題を設定している。 ・おいしく食べるために調理計画や調理の仕方について考え，工夫している。 ・おいしく食べるために調理計画や調理の仕方について，実践を評価したり，改善したりしている。 ・おいしく食べるために調理計画や調理の仕方についての課題解決に向けた一連の活動について，考えたことを分かりやすく表現している。	・家族の一員として，生活をよりよくしようと，調理の基礎について，課題の解決に向けて主体的に取り組もうとしている。 ・家族の一員として，生活をよりよくしようと，調理の基礎について，課題解決に向けた一連の活動を振り返って改善しようとしている。 ・家族の一員として，生活をよりよくしようと，調理の基礎について工夫し，実践しようとしている。

	知識・技能	思考・判断・表現	主体的に学習に取り組む態度
B(1)	①食事の役割が分かり，日常の食事の大切さについて理解している。 　　　　　　　　　　　　(ア)		①伝統的な日常食である米飯及びみそ汁の調理の仕方について，課題の解決に向けて主体的に取り組もうとしている。
B(2)	③米飯の調理に必要な米や水の分量や計量，調理の仕方について理解しているとともに，適切にできる。 　　　　　　　　(ア)，(オ) ⑤みそ汁の調理に必要な材料の分量や計量，調理の仕方について理解しているとともに，適切にできる。 　　　　　　　　(ア)，(オ) ④我が国の伝統的な配膳の仕方について理解しているとともに，適切にできる。 　　　　　　　　　　　　(ウ) ②米飯及びみそ汁が我が国の伝統的な日常食であることを理解している。 　　　　　　　　　　　　(オ)	①おいしく食べるために米飯及びみそ汁の調理の仕方について問題を見いだし課題を設定している。 ②おいしく食べるために米飯及びみそ汁の調理計画について考え，工夫している。 ③おいしく食べるために米飯及びみそ汁の調理計画や調理の仕方について，実践を評価したり，改善したりしている。 ④おいしく食べるために米飯及びみそ汁の調理計画や調理の仕方についての課題解決に向けた一連の活動について，考えたことを分かりやすく表現している。	②伝統的な日常食である米飯及びみそ汁の調理の仕方について，課題解決に向けた一連の活動を振り返って改善しようとしている。 ③伝統的な日常食である米飯及びみそ汁の調理の仕方について工夫し，実践しようとしている。

題材の評価計画の作成に当たっての留意点

①各題材で育成を目指す資質・能力を明確にして，学習活動に即して具体的な評価規準を設定する。

②その時間のねらいや学習活動に照らして重点を置くとともに，無理なく評価でき，その結果を児童の学習や教師の指導に生かす観点から，あまり細かなものにならないようにする。

③学習活動の特質や評価の場面に応じて，適切な評価方法を検討する。

④総括の資料とするための児童全員の学習状況を把握する「記録に残す評価」を行う場面を精選するとともに，「努力を要する」状況と判断される児童への手立てを考える「指導に生かす評価」を行う場面の設定や評価方法について検討する。

⑤評価資料を基に「おおむね満足できる」状況（B），「十分満足できる」状況（A）と判断される児童の姿について考えたり，「努力を要する」状況（C）と判断される児童への手立て等を考えたりする。

5 観点別学習状況の評価の進め方と評価方法の工夫

指導と評価の計画に基づいた評価の進め方については，次の点に留意する必要がある。

(1) 知識・技能

この観点については，基礎的・基本的な知識及び技能を身に付けるだけではなく，それらを活用する中で，新しい知識を獲得するなど，知識の理解の質を高めることを目指しており，概念等の理解につながっているかを評価することが重要である，そのため，例えば，2回の調理実習を取り入れた場合，1回目の調理の評価は，「指導に生かす評価」（「努力を要する」状況（C）と判断される児童への手立てを考えるための評価）として位置付け，1回目の調理で習得した知識や技能を活用した2回目の調理の評価を「記録に残す評価」として位置付けることが考えられる。その際，調理の仕方を理解しているとともに，適切にできる，すなわち，技能の根拠となる知識を身に付けているかどうかを把握することが大切である。具体的な評価方法としては，1回目の調理実習後に，確認テストなどを用いて，なぜそのようにするのか，手順の根拠などを理解しているかどうかをその記述内容から評価することが考えられる。実験・実習，観察等を通して，実感を伴って理解できるよう配慮することが大切であり，その状況を把握できるワークシートやペーパーテストを工夫することが考えられる。

また，技能については，教師の行動観察のほか，児童の相互評価の記述内容や写真，タブレット端末による動画撮影等から，児童の実現状況をより詳細に把握し，それらを評価に生かすことが大切である。相互評価は，グループやペアで行い，見本や写真等と照らし合わせることにより，技能の上達の状況を把握できるよう工夫することが考えられる。さらに，同じ項目で自己評価を行うことにより，児童自身が技能の上達を実感できるようにすることも考えられる。

(2) 思考・判断・表現

この観点については，結果としての創意工夫だけではなく，課題の設定から解決を目指してよりよい方法を得ようと考え，工夫したり，実践を評価・改善したりする一連の学習過程において評価するため，評価場面の設定に留意する。その際，課題の設定の場面では，観察したことや家族にインタビューしたことから気付いた問題点や，課題設定の理由なども記入できるようなワークシートを工夫することが考えられる。具体的な評価方法としては，計画，実践，評価・改善の一連の学習活動において，児童が考えたり工夫したりした過程を図や言葉で表現する計画表や実習記録表，レポートの記述内容から評価することが考えられる。また，計画や実践の場面での発表，グループや学級における話合いなどの言語活動を中心とした活動について，教師の観察を通して評価することなどに留意する。

　この観点については，①知識及び技能を獲得したり，思考力・表現力等を身に付けたりすることに向けた粘り強い取組を行おうとしている側面と，②粘り強い取組の中で，自らの学習を調整しようとする側面の二つの側面のほか，③実践しようとする態度について評価することとしており，具体的な評価方法としては，ワークシートや計画表，実習記録表，一連の活動を通して児童の変容を見取るポートフォリオ等の記述内容，発言，教師による行動観察や，児童の自己評価や相互評価等の状況を教師が評価を行う際に参考とすることなどが考えられる。

　①については，例えば，基礎的・基本的な知識及び技能を身に付ける場面で，自分なりに解決しようと取り組む様子をポートフォリオの記述内容や行動観察から評価することが考えられる。②については，例えば，計画の場面で，適切に自己評価したり，相互評価を生かしたりして，よりよい計画にしようと取り組む様子をポートフォリオや計画表の記述内容，行動観察から評価することが考えられる。なお，二つの側面は，相互に関わり合っていることから，同じ場面において評価することも考えられる。自らの学習を調整しようとする側面については，学習前に見通しをもったり，学習後に振り返ったりすることがポイントとなる。児童が具体的な目標をもち，一つ一つを自分自身の力で解決し，自信を高めながら進めることが大切である。そのためには，学習前後の比較ができるようなワークシートを作成し，自分の成長を自覚し，学びの過程の振り返りができるようにする。自らの学習を調整しようとする側面は，「主体的・対話的で深い学び」の視点からの授業改善を図る中で，自らの学習の調整を行う場面を設定し，適切に評価することが大切である。③については，実践を通して意欲が高まり，新たな課題を見付けたり，日常生活において活用しようとする姿に表れたりすることから，評価を行う場面を題材の終わりに設定することが考えられる。なお，この観点については，複数の題材を通して，ある程度の時間のまとまりの中で評価することも考えられる。

6　観点別学習状況の評価の総括

(1)　題材の観点別学習状況の評価の総括

　家庭科における題材ごとの観点別学習状況の評価の総括については，「参考資料」第1編「総説第2章1⑸観点別学習状況の評価に係る記録の総括」に示された二つの方法を参考に，各学校において工夫することが望まれる。

　①　評価結果のA，B，Cの数を基に総括する場合

　②　評価結果のA，B，Cを数値に置き換えて総括する場合（例えばA＝3，B＝2，C＝1）

　　「観点ごとの総括」及び「題材の総括」の詳細については，参考資料「第3編第2章2事例1」を参照

(2)　家庭科の観点別学習状況の評価の総括

　題材ごとの観点別学習状況の評価を合わせて，学期末，学年末等の家庭科の総括とする。例えば，年間に12題材を取り扱った場合，題材1〜12を観点ごとに総括して，家庭科の観点別学習状況の評価とする。

（筒井恭子）

参考文献　・『小学校学習指導要領（平成29年告示）解説家庭編』（文部科学省　平成29年7月）
　　　　　　※ Chapter 3 の各事例，Chapter 4 のQ＆Aにおいても参考としている
　　　　　・『初等教育資料』：平成29年12月号「家庭科における主体的・対話的で深い学びの実現に向けた指導改善」pp.8〜13
　　　　　　　　　　　　：平成元年6月号「特別企画」学習評価及び指導要録の改善「家庭科における学習評価の改善のポイント」pp.83〜85

Chapter2

指導計画作成の手順と
モデルプラン

1　2学年間を見通した指導計画作成のポイント

　家庭科は，教科の目標と内容を2学年間まとめて示している。そのため，指導計画の作成に当たっては，まず，各内容の各項目相互の関連を図って題材を設定し，各指導事項ア，イとの関連を図って題材を構成する必要がある。そして，2学年間を見通して適切に題材を配列して，効果的な学習指導ができるように年間指導計画を作成することが大切である。以下に，そのポイントを解説する。

1　題材の構成　（資料1）

　題材の構成に当たっては，育成する資質・能力を明確にし，「A家族・家庭生活」，「B衣食住の生活」，「C消費生活・環境」の各内容の各項目や指導事項を関連させて効果的な学習が展開できるように工夫する。また，各題材は，内容AからCまでの各項目における指導事項のアで身に付けた「知識及び技能」を指導事項イにおいて活用し，「思考力，判断力，表現力等」を育み，家庭や地域での実践につなげることができるように構成することが大切である（資料7を参照）。

2　段階的な題材配列　（資料2）

　「B衣食住の生活」の(2)「調理の基礎」及び(5)「生活を豊かにするための布を用いた製作」については，基礎的・基本的な知識及び技能の定着を図り，学習が無理なく効果的に進められるようにするために，2学年間にわたって扱うようにする。その際，題材は，基礎的なものから応用的なものへ，簡単なものから難しいものへ，要素的なものから複合的なものへと，段階的に配列するようにする。

3　中学校の学習を見通した系統的な指導計画　（資料3）

　小学校においては，中学校における学習の基礎となる資質・能力を育むため，小・中学校の各内容について理解を深める必要がある。例えば，調理や製作では，小・中学校の各内容の発展性や系統性を確認し，指導の重点に応じた題材を段階的に配列することが大切である。

4　家庭や地域での実践を位置付けた指導計画　（資料1）

　家庭科で学習する知識及び技能などは，家庭や地域で生かし，継続的に実践することで定着を図ることができる。そのため，家庭や地域と積極的に連携を図り，実践時期に配慮しながら家庭や地域での実践を計画的に位置付けることが考えられる。その際，学校行事や地域での行事等を記入する欄を設けるなどの工夫が考えられる。

5 指導計画作成に当たって特に留意したい指導内容

○「A家族・家庭生活」の(1)「自分の成長と家族・家庭生活」のア

「A家族・家庭生活」の(1)のアの学習については，これからの2学年間の学習の見通しをもつためのガイダンスとして取り扱い，第5学年の最初に履修させるようにする。その際，生活の営みに係る見方・考え方にも触れるようにする。

また，学期や学年の終わりなど学習の区切りの時期に，各内容の学習を振り返ることを通して，自分の成長を実感し，継続していくことの大切さや実践する意欲を高めることが大切である。

○「A家族・家庭生活」の(4)「家族・家庭生活についての課題と実践」（資料4・5）

今回の改訂で新設された「A家族・家庭生活」の(4)については，2学年間で一つ又は二つの課題を設定して履修すること，また，実践的な活動を家庭や地域などで行うことができるよう配慮してに留意して指導計画を作成することが大切である。課題の設定に当たっては，A(2)「家庭生活と仕事」又はA(3)「家族や地域の人々との関わり」の学習を基礎とし，「B衣食住の生活」，「C消費生活・環境」で学習した内容との関連を図ることに留意する必要がある。

○「C消費生活・環境」

題材構成に当たっては，「A家族・家庭生活」の(3)「家庭や地域の人々との関わり」や，「B衣食住の生活」の(2)「調理の基礎」，(5)「生活を豊かにするための布を用いた製作」及び(6)「快適な住まい方」などと関連を図り，生活で使う身近な物などを取り上げ，児童や家族の生活と結び付けて考え，実践的に学習できるように配慮することが大切である。

C(1)「物や金銭の使い方と買物」	C(2)「環境に配慮した生活」
・A(3)と関連：家族との触れ合いや団らんで使う材料の買物 ・B(2)，(5)と関連：実習や製作の材料の買物	・C(1)と関連：購入した物についての環境に配慮した使い方の見直し ・B(2)，(5)と関連：材料を無駄なく使うこと ・B(6)と関連：ごみの分別や減量の仕方の工夫

6 他教科等との関連を図った指導計画 （資料6）

各教科等の学びは相互に関連し合っているため，年間指導計画を作成する際には，家庭科と他教科等との関連について明確にすることが大切である。まず，家庭科に関連のある他教科等の内容を洗い出すとともに，児童の学習状況を把握する。次に，他教科等の学習時期を考慮して題材の設定や配列を工夫し，それを年間指導計画に位置付けるようにする。例えば，「B衣食住の生活」の食に関する内容と理科や体育科，学校給食との関連，また，生活文化に関する内容と特別の教科道徳の「伝統と文化の尊重」に関係する内容との関連を図ることなどが考えられる。

参考文献 ・『小学校学習指導要領（平成29年告示）解説家庭編』（文部科学省 平成29年7月）

2 指導計画例

　1で示した「指導計画作成のポイント」を踏まえ，2学年間を見通した指導計画を作成する際には，次のような手順で行う。

① 家庭科で育成を目指す資質・能力を明確にする。その際，家庭科の内容「A家族・家庭生活」，「B衣食住の生活」，「C消費生活・環境」の各項目や指導事項で育成する資質・能力を確認する。
② 2学年間の学習を通して育成したい資質・能力を確実に身に付けるために，指導の大まかな流れを考える。
③ ②の指導の大まかな流れに沿って，2学年間の題材を配列する。
④ 各題材に適切な授業時数を配当しているか，2学年間に指導すべき内容に漏れがないかについて，下に示す**内容確認表**などを用いて確認する。
※なお，年間の標準授業時数は，第5学年は60単位時間，第6学年は55単位時間，合計115時間と定められている。実践的・体験的な活動や言語活動をより一層充実して，各題材に適した時間を配分するように留意する。

内容確認表

	題材名	A 家族・家庭生活																																B 衣食住の生活																																																					C 消費生活・環境				時数
第5学年																																																																			
	第5学年 授業時間数																																																			60
第6学年																																																																			
	第6学年 授業時間数																																																			55
	総時間数																																																			115

次の表は，次ページの「資料1　年間指導計画例1」の配当授業時数を示したものである

内容	A 家族・家庭生活				B 衣食住の生活						C 消費生活・環境		合計
指導項目	(1)	(2)	(3)	(4)	(1)	(2)	(3)	(4)	(5)	(6)	(1)	(2)	
第5学年 授業時数	2	2	4	4	2	12	2	4	13	8	4	3	**60**
第6学年 授業時数	2	3	3	4	2	12	5	4	8	5	3	4	**55**
内容ごとの合計	24				35			29		13	14		**115**

次に示す**資料1の年間指導計画例1**は，内容AからCまでの各項目や指導事項の関連を図って題材を設定し，効果的な学習が展開できるよう題材を配列したものである。また，家庭実践を位置付けたり，学校や地域での行事等との関連を図ったりして題材を設定したものである。

資料1　年間指導計画例1

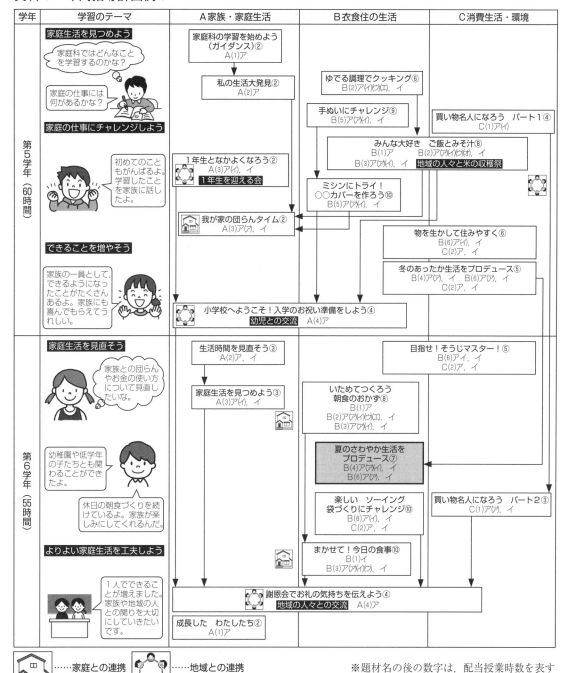

次に示す**資料2**は，布を用いた製作に関する題材の2学年間の系統性について示したものである。また，**資料3**は，食に関する題材の小・中学校5学年間の系統性について示したものである。

資料2　布を用いた製作に関する題材の2学年間の系統性

学年		第5学年		第6学年	
	題材名	始めようソーイング	ミシンにトライⅠ	ミシンにトライⅡ	家族や地域の方に感謝の気持ちを伝えよう
指導内容	B(4)ア（イ）	○　ボタン付け			○　ボタン付け
	B(5)ア（ア）	○	○	○	○
	B(5)ア（イ）	○	○	○	○
	B(5)イ	○	○	○	○
	形・大きさ	手のひら	やや大きい平面	立体・袋	目的に合わせた形や大きさ
縫い方	玉結び	○			○
	玉どめ	○			○
	なみ縫い	○			○
	返し縫い	○			○
	かがり縫い	○			○
	ボタン付け	○			○
	ミシンを用いた直線縫い		○	○	
用具	針・はさみ	○	○	○	○
	ミシン		○	○	
	アイロン		○	○	
	作品例	ネームプレート 小物入れ ティッシュケース ペンケース	<平面的なもの> ランチョンマット ウォールポケット カフェエプロン	<袋の製作> 手さげ袋 ナップザック きんちゃく袋	マスク マスクケース コースター ティッシュカバー

資料3　食に関する題材の小・中学校5学年間の系統性

学年		小学校				中学校			
		第5学年		第6学年		第1学年		第2学年	第3学年
	題材名	ゆでる調理にチャレンジ	食べて元気ごはんとみそ汁	いためて作ろう朝食のおかず	まかせてね今日の食事	肉の調理	魚の調理	郷土料理で和食にチャレンジ	幼児のおやつ
	実習題材	青菜のおひたし ゆで野菜サラダ ゆでたまご 白玉だんご など	ごはん みそ汁	三色野菜いため	野菜のベーコン巻き ジャーマンポテト ちくわとじゃがいものうま煮 など	しょうが焼き 野菜の付け合わせ	ムニエル ブタトゥイユ	郷土料理 だしを用いた煮物 けんちんうどん ツナマヨあえ	ベジタブル蒸しパン
食材の例	野菜	ほうれんそう こまつな等の青菜 キャベツ にんじん ブロッコリー	大根 ねぎ	キャベツ にんじん ピーマンなど	アスパラ にんじん 玉ねぎ	にんじん 玉ねぎ しめじ しょうが	なす 玉ねぎ にんじん ピーマン トマト（水煮）	ごぼう 大根 にんじん ねぎ ブロッコリー	にんじん又はほうれんそう
	魚や肉		ハム ベーコン	ベーコン ちくわ		豚肉	さけ ベーコン	鶏肉 ツナ	
調理方法	計量	○ 計量スプーン	○ 計量スプーン 計量カップ	計量スプーン	計量スプーン	○	○	○	○
	洗い方	○				○	○	○	
	切り方	一口大 大きさをそろえる	いちょう切り 短冊切り 小口切り	短冊切り	○	輪切り	みじん切り さいの目切り	乱切り 短冊切り いちょう切り さいの目切り	みじん切り
	ゆでる	◎			○	○			○
	炒める			○	○				
	炊飯		◎						
	煮る				○		○	◎	
	焼く					○			
	蒸す								◎
安全・衛生	用具や食器の取扱い	○	○	○	○	○	○	○	○
	加熱用調理器具の安全な取扱い	○	○	○	○	○	○	○	○
	後片付け	○				○	○	○	○
	実習の指導	○				○	○	○	○
	食文化	盛り付け	伝統的な日常食 ・だしの役割 ・配膳		日常の食事の仕方 ・食事のマナー ・あいさつなど		洋食の様式に応じた盛り付けや配膳	地域の食文化 郷土料理や行事食 だしを用いた煮物	

※◎は重点を置くもの

次に示す**資料4**は，「A家族・家庭生活」の(2)「家庭生活と仕事」の学習を基礎としたAの(4)「家族・家庭生活についての課題と実践」の題材を年間指導計画にどのように位置付けたのかを示したものである。衣食住に関わる実践ができる「家庭の仕事チャレンジⅠ～Ⅲ」を2学年間を通して配列し，最後に第6学年にチャレンジⅣとしてA(4)を位置付けている。

資料4　A(2)「家庭生活と仕事」に関する題材の系統性

	時期	題材名	指導項目・事項	時数
第5学年	4月	わたしにまかせて！家庭の仕事　　チャレンジⅠ ～自分にできる家庭の仕事を見つめよう～	A(2)ア	2
	7月（計画） 夏休み（実践） 9月（評価）	わたしにまかせて！家庭の仕事　　チャレンジⅡ ～自分が分担する家庭の仕事を工夫しよう～	A(2)イ	3
第6学年	4月（計画） 5月（実践） 5月（評価）	わたしにまかせて！家庭の仕事　　チャレンジⅢ ～自分が分担する家庭の仕事の計画を見直そう～	A(2)ア，イ	2
	12月（計画） 冬休み（実践） 1月（評価）	わたしにまかせて！家庭の仕事　　チャレンジⅣ ～家族で楽しくきもちのよいお正月をむかえよう～ 生活の課題と実践	A(4)ア	4

資料5は，Aの(3)「家族や地域の人々の関わり」の学習を基礎としたA(4)の題材について示したものである。第5学年では「地域の人々（幼児）との関わり」，第6学年では「家族との関わり」の学習を基礎としている。また，実践活動は，特別活動と関連を図ったり，家庭での実践として位置付けたりしている。さらに，他教科等との関連についても示している。

資料5　A(3)「家族や地域の人々との関わり」の学習を基礎とした
**　　　　A(4)「家族・家庭生活についての課題と実践」と他教科等との関連**

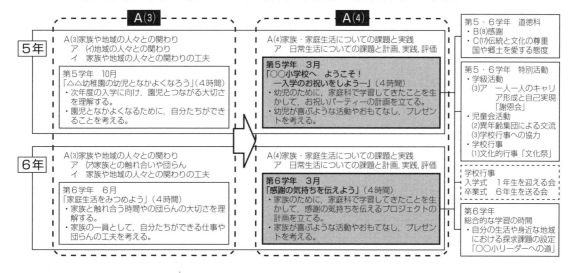

次に示す**資料6の年間指導計画例2**は，家庭科と各教科，特別の教科 道徳，総合的な学習の時間，特別活動との関連を明確にし，指導の時期等に配慮して題材を配列したものである。

資料6　年間指導計画例2

テーマ		題材名　（時数）	小題材名	指導項目	生活の営みに係る見方・考え方	他教科等との関連
第5学年（60時間）	生活を見つめよう	家庭科を学ぼう(2)	ガイダンス	A(1)ア	協力	・道徳（感謝）
		わが家にズームイン！(4)	家庭生活と家族を見つめよう	A(2)ア(ア)，イ	協力	・道徳（家族への思いやり，感謝，勤労）
			だんらんのための仕事から始めよう			
			家庭生活を工夫しよう			
		ゆでる調理にチャレンジ！(10)	料理の作り方を考えよう	B(2)ア(ア)(イ)(ウ)(エ) B(2)イ	健康・安全	・理科（水，沸騰） ・社会（我が国の農業や水産業，食料生産）
			ゆでる調理をしよう			
			工夫しておいしい料理にしよう			
		レッツソーイング！手ぬいに挑戦(8)	針と糸を使ってできることを探そう	B(4)ア(イ) B(5)ア(イ)，イ	快適・安全	
			手ぬいにトライ！			
			手ぬいのよさを生かそう			
	家庭の仕事にチャレンジしよう	食べて元気！ご飯とみそ汁(10)	毎日の食事を見つめよう	B(1)ア B(2)ア(ア)(イ)(ウ)(オ)，イ B(3)ア(ア)(イ)	健康・安全 生活文化	・社会（我が国の農業や水産業，食料生産） ・理科（種子の養分） ・道徳（伝統・文化の尊重，国や郷土を愛する態度，感謝）
			なぜ食べるのか考えよう			
			毎日の食生活に生かそう			
		めざそう買い物名人(6)	お金の使い方を見つめよう	C(1)ア(ア)(イ)，イ C(2)アイ	持続可能な社会	・道徳（節度ある生活） ・社会（生産や販売の仕事，情報ネットワークを利用した社会，人々の健康や生活を支える事業）
			買い物名人になろう			
			買い物名人として生活しよう			
		物を生かして住みやすく(7)	身の回りの物や生活の場を見つめよう	B(6)ア(イ)，イ C(2)アイ	健康・快適 持続可能な社会	・体育（身の回りの環境，病気の予防） ・理科（生物と環境）
			身の回りをきれいにしよう			
			物を生かして快適に生活しよう			
		ミシンにトライ！手作りで楽しい生活(10)	布で作られた物のよさを見つけよう	B(5)ア(ア)(イ)，イ	安全 生活文化	・総合：ふれあいマーケット（販売商品づくり）
			ミシンにトライ！			
			作品を楽しく使おう			
		家族といっしょにホッとタイム(2)	家族との団らんの時間を楽しくしよう	A(3)ア	協力	・道徳（家族への思いやり，感謝，勤労）
		5年生のまとめ(1)	1年間の成長を確かめよう	A(1)ア	協力	
第6学年（55時間）	生活を見直そう	私の仕事と生活時間(3)	自分が分担する家庭の仕事を増やそう	A(2)ア	協力	・道徳（家族愛，家庭生活の充実）
			時間の使い方を工夫しよう			
			工夫して家庭の仕事を続けよう			
		朝食から健康な1日の生活を(9)	毎日の朝食をふり返ろう	B(1)ア B(2)ア(ア)(イ)(ウ)(エ)，イ B(3)ア(ア)(イ)	健康・安全	・社会（我が国の農業や水産業，食料生産） ・理科（種子の養分） ・体育（病気の予防）
			いためて朝食のおかずを作ろう			
			朝食から健康な生活を始めよう			
		夏のさわやか生活をプロデュース(9)	夏の生活を見つめよう	B(4)ア(ア)(イ)，イ B(6)ア(ア)，イ	健康・快適 生活文化	・保健（健康によい生活） ・学校行事：運動会（ゼッケンやはちまきの洗濯と管理）
			快適な住まい方や着方をしよう			
			夏の生活を工夫しよう			
	より豊かな生活につなげよう	思いを形に！生活に役立つ袋をつくろう(13)	目的に合った形や大きさとぬい方を考えよう	B(5)ア(ア)(イ)，イ	快適・安全	・総合：ふれあいマーケット（販売商品づくり）
			工夫して作ろう			
			衣生活を豊かにしていこう			
		まかせてね今日の食事(10)	1食分の献立を工夫しよう	B(1)イ B(3)ア(ア)(イ)(ウ)，イ C(2)ア，イ	健康・安全 持続可能な社会	・道徳（感謝，伝統，文化の尊重） ・理科（人の体のつくりと働き） ・総合：ふれあいマーケット（コラボ弁当の献立）
			家族が喜ぶ食事を作ろう			
			楽しく食事をするためにくふうしよう			
		冬のあったか生活をプロデュース(5)	冬の生活を見つめよう	B(4)ア(ア)，イ B(6)ア(ア)，イ	健康・快適・安全	・理科（光と音） ・体育（身の回りの環境，病気の予防）
			快適な住まい方や着方をしよう			
			冬の生活を工夫しよう			
		感謝の気持ちを伝えよう(4)	家族へのお礼の気持ちをかたちにしよう	A(4)ア	協力	・学校行事：卒業式（お世話になった方への感謝）
		未来にはばたくわたしたち 2年間の振り返りと中学校に向けて(2)	家族の一員として家庭や地域でできること	A(3)ア(イ)，イ	協力	・道徳（思いやり，感謝，勤労，公共の精神）
			心のつながりを深めよう			
			もっとかがやくこれからの私たち			

3 学習過程を踏まえた題材構成

次に示す**資料7**は，資料1の年間指導計画例1の第6学年「夏のさわやか生活をプロデュース」の題材構想図である。問題解決的な学習過程に沿って，第1次では，夏の過ごし方における問題点から課題を設定し，第2次では，課題解決に向けて必要となる知識及び技能を身に付け，第3次では，身に付けた知識及び技能を活用して家庭実践に生かす構成になっている。

資料7　題材構想図　「夏のさわやか生活をプロデュース」

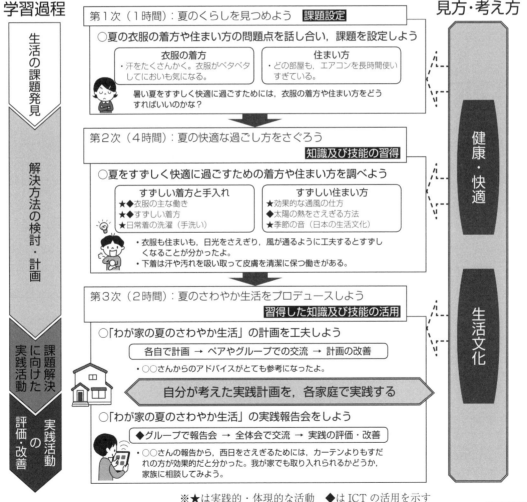

※★は実践的・体験的な活動　◆はICTの活用を示す

（芳我清加）

Chapter3

1人1台端末を活用した
授業づくりモデルプラン

1 はじめよう家庭科
〜これからの家庭生活をよりよくしよう〜

A(1)ア

1 題材について

　この題材は「A家族・家庭生活」の(1)「自分の成長と家族・家庭生活」に関するもので，2学年間の学習の見通しをもたせるガイダンスとして第5学年のはじめに位置付けるとともに，学期や学年の終わりにもAからCまでの各内容の学習と関連させて扱っている。

　ガイダンスにおいては，第4学年までの学習を振り返り，家庭生活と家族の大切さや，家庭生活が家庭の協力によって工夫して営まれていることに気付くようにしている。また，友達との対話を通して「よりよい家庭生活」に向けて，家族や地域の人々との「協力」，「健康・快適・安全」，「持続可能な社会の構築」等の視点から家庭生活を見直し，日常生活における様々な問題の解決に向けて工夫することが大切であることに気付くようにしている。さらに，児童一人一人が「なりたい自分」を思い描き，2学年間の学習に見通しをもつことで，課題の解決に向けた主体的な学びを促すことができるようにしている。

　学期や学年の終わりには，学習を通してできるようになったことを振り返り，家族の一員として自分が成長していることに気付くようにしている。

2 題材の目標

(1)　自分の成長を自覚し，家庭生活と家族の大切さや家庭生活が家族の協力によって営まれていることに気付く。

(2)　家族の一員として，生活をよりよくしようと，2学年間の学習に見通しをもち，課題の解決に向けて主体的に取り組んだり，振り返って改善したりして，生活を工夫し，実践しようとする。

3 題材の評価規準

知識・技能	思考・判断・表現	主体的に学習に取り組む態度
自分の成長を自覚し，家庭生活と家族の大切さや家庭生活が家族の協力によって営まれていることに気付いている。		家族の一員として，生活をよりよくしようと，2学年間の学習に見通しをもち，課題の解決に向けて主体的に取り組んだり，振り返って改善したりして，生活を工夫し，実践しようとしている。

4 指導と評価の計画 （全4時間）

〔1〕自分と家族のつながりを考えよう（本時2／4）…………2時間（第5学年のはじめ）

〔2〕自分の成長を振り返ろう（省略）……………………………1時間（学期の終わり）

〔3〕1年間の自分の成長を振り返ろう ……………………………1時間（第5学年の終わり）

〔次〕時	○ねらい ・学習活動　ICTの活用場面	評価の観点			評価規準〈評価方法〉
		知	思	主	
〔1〕1	○これまでの自分の生活を振り返り，家庭生活と家族の大切さや家庭生活が家族の協力によって営まれていることに気付き，2学年間の家庭科学習の見通しをもつことができる。 ・各自がもっている「家庭科で学ぶこと」のイメージを<u>アンケート機能を活用してリアルタイムで集計し，</u>全体で話し合う。 ・2学年間の家庭科学習の見通しをもつ。 ・これまでの生活を通して「できるようになったこと」について<u>デジタル付箋に記入し，共有のホワイトボードに添付しながら発表し合う。</u> ・2学年間の家庭科の学習と結び付けながら，<u>「なりたい自分」</u>について考え，<u>デジタルガイダンスシートに記入する。</u>	①			【児童のアンケート集計画面例】 〔知〕①これまでの自分の成長を自覚し，家庭生活と家族の大切さや家庭生活が家族の協力によって営まれていることに気付いている。 〈デジタルガイダンスシート〉 〈行動観察〉

【デジタルガイダンスシート】

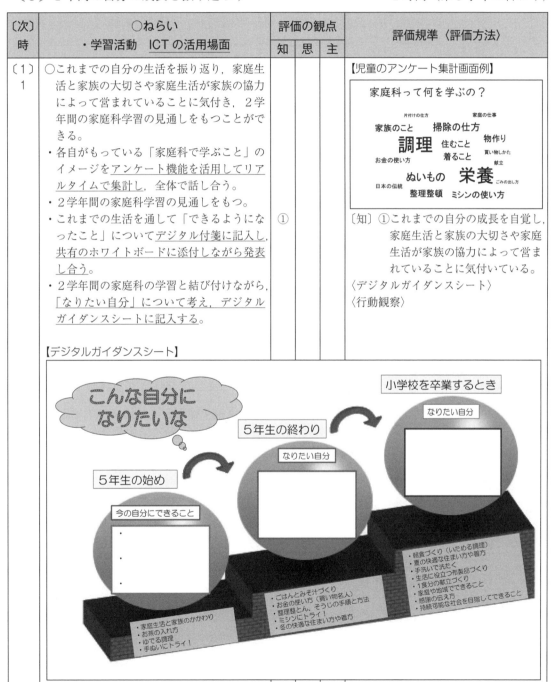

	学習活動			評価規準〈評価方法〉
2 本時	○日常生活における様々な問題について，家族や地域の人々との協力，健康，快適，安全，持続可能な社会の構築等を視点として考えることの大切さに気付くことができる。 ・「よりよい生活」についての自分の考えをデジタル付箋に記入する。 ・ホワイトボード機能を活用し，自分の考えを記入したデジタル付箋を画面上で整理しながら，グループのキーワードとしてまとめる。 ・全体で話し合い，「よりよい家庭生活にするための視点」について整理する。	②	①	〔知〕②日常生活における様々な問題について，家族や地域の人々との協力，健康・快適・安全，持続可能な社会の構築等を視点として考えることの大切さについて気付いている。 〈デジタルガイダンスシート〉 〔主〕①自分の成長と家族・家庭生活について，2学年間の学習に見通しをもち，課題に向けて主体的に取り組もうとしている。 〈行動観察〉〈ポートフォリオ〉
〔2〕 3	○夏休みにトライ！「家庭の仕事，できることを増やそう」　　　　A(2)と関連 ○冬休みにトライ！「お正月を工夫して向かえよう」　　　　　A(4)と関連	②		〔主〕②自分の成長と家族・家庭生活について，課題解決に向けた一連の活動を振り返って改善しようとしている。 〈行動観察〉〈ポートフォリオ〉
〔3〕 4	○第5学年の家庭科学習を振り返り，自分の成長を自覚し，家庭生活と家族の大切さに気付く。 ・今までの学習の様子を記録したワークシートや写真等を見ながら，自分の成長を振り返る。 ・次の「なりたい自分」を考え，デジタルガイダンスシートに記入する。	③	③	〔知〕③自分の成長を自覚し，家庭生活と家族の大切さに気付いている。 〈デジタルガイダンスシート〉 〈自己評価カード〉 〔主〕③自分の成長と家族・家庭生活について，よりよい生活を工夫し実践しようとしている。 〈行動観察〉〈ポートフォリオ〉

5 本時の展開（2／4時間）

(1)小題材名　自分と家族のつながりを考えよう

(2)ねらい　日常生活における様々な問題について，家族や地域の人々との協力，健康・快適・安全，持続可能な社会の構築等を視点として考えることの大切さに気付くことができる。

(3)学習活動と評価

時間 (分)	学習活動 ICTの活用場面	・指導上の留意点 ■評価規準〈評価方法〉
5	1　本時の学習のめあてを確認する。	
	自分と家族にとっての「よりよい家庭生活」について考えよう	
15	2　各自が，「よりよい家庭生活」についての自分の考えをデジタル付箋に記入する。	・自分と家族にとって幸せな生活とは何か，家庭生活のイメージがわく写真等を見ながら，具体的に考えられるようにする。

	〈児童の記入例〉 ・家族がみんな仲良しな生活 ・病気やけがのない生活 ・ストレスのない生活 ・お金に困らない生活 ・おいしいもの食べられる生活　　など	
10	3　ホワイトボード機能を活用し，自分の考えを記入したデジタル付箋を画面上で整理しながら，グループのキーワードとしてまとめる。 健康・手伝い・清潔・自由・栄養・すいみん・食事・助け合い・防災・エコ　など	・グループで意見交流し，よりよい家庭生活を実現するために大切なことをキーワードとしてまとめる。
10	4　全体で話し合い，「よりよい家庭生活にするための視点」について整理する。 協力　健康　快適　安全　生活文化　環境	・グループで意見交流したシートを全体で共有し，共通点を見つけながら，「よりよい家庭生活にするための視点」を整理する。 ■知識・技能② 〈デジタルガイダンスシート〉
5	5　本時の学習を振り返り，よりよい家庭生活について自分の考えをまとめる。 ・ポートフォリオに振り返りを記入し，よりよい家庭生活について自分の考えをまとめる。	■主体的に学習に取り組む態度① 〈ポートフォリオ〉 ・デジタルポートフォリオとして，自分のフォルダに保存し，今後の学習に生かす。

(4)学習評価のポイント

　本時の「知識・技能」の評価規準②については，「よりよい家庭生活にするための視点」を整理する場面において，デジタルガイダンスシートの記述内容から評価する。よりよい家庭生活に向けて，日常生活における様々な問題を家族や地域の人々との協力，健康・快適・安全，持続可能な社会の構築等を視点として解決に向けて工夫することの大切さについて記述している場合を，「おおむね満足できる」状況（B）と判断した。その際，「努力を要する」状況（C）と判断される児童に対しては，友達の考えの中から共感できるものを選び，デジタル付箋に記入して補足させ，よりよい家庭生活を工夫することの大切さに気付くようにする。また，協力，健康・快適・安全，及び持続可能な社会の構築等のいくつかの視点を関連させながら解決に向けて工夫する大切さを具体的に記述している場合を「十分満足できる」状況（A）と判断した。

　「主体的に学習に取り組む態度」の評価規準①については，授業を振り返る場面においてポートフォリオの記述内容から評価する。よりよい家庭生活について自分なりの考えをもち，それを実現するために大切なことについて，粘り強く考えようとしている場合を「おおむね満足できる」状況（B）と判断した。

6 主体的・対話的で深い学びを実現する学習指導〈ICT活用〉の工夫

主 見つめる場面で，1人1台端末を活用し，「これまでの生活でできるようになったこと」や「なりたい自分」をデジタルガイダンスシートに記入し，交流することにより，2学年間の家庭科学習の見通しをもって主体的に学習に取り組めるようにする。

対 よりよい家庭生活を送るために大切なことを考え，これからの学習を見通す場面で，1人1台端末を活用し，キーワードを話し合う活動により，よりよい家庭生活について互いの考えを深めることができるようにする。

深 よりよい家庭生活を実現するための一連の学習過程の中で，「協力」，「健康・快適・安全」や「持続可能な社会の構築」等の見方・考え方を働かせながら，課題解決に向けて自分なりに考え，表現することができるようにする。

 CT（1人1台端末）の主な活用場面と活用のポイント

〈本時の場面における活用〉

●これからの学習を見通す（第2時）

　「よりよい家庭生活」について話し合う場面において，自分たちが考える「よりよい家庭生活」についてデジタル付箋に記入し，ホワイトボード機能を活用し画面上で整理する活動が考えられる。また，キーワードをまとめた「よりよい家庭生活を実現するための視点」を個人フォルダにも保存し，各題材の導入で児童がそれを活用できるようにすることは，よりよい家庭生活を実現するための一連の学習過程の中で，見方・考え方を働かせて学習に取り組む上で効果的である。

〈その他の場面における活用〉

●見つめる（第1時）

　ガイダンスの導入場面において，リアルタイムで集計できるアンケート機能を活用し，家庭科の学習に対する児童のイメージを共有する活動が考えられる。児童の意識を瞬時で可視化することができ，より興味をもってガイダンスに臨むことができるので効果的である。さらに，ガイダンスの後には「家庭科で学びたいこと」，学期や学年の終わりには「家庭科でできるようになりたいこと」を問うアンケートを実施することで，児童の意識の変容を見取ることができるよさがある。また，これまでの生活を振り返り，2学年間の家庭科学習の見通しを立てる場面において，デジタルガイダンスシートに自分の考えを入力し，グループや全体で共有する活動が考えられる。「なりたい自分」や2学年間を通した学びを確認することができるので，主体的な学びにつながり効果的である。教師にとっても，一人一人の成長の様子や願いを把握し，今後の指導に生かすことができるよさがある。

※A(1)においては，学習過程を「見つめる」「これからの学習を見返す」「生かす」「振り返る」としている。

■デジタルガイダンスシートの一部（本時）　　■1人1台端末活用の実際

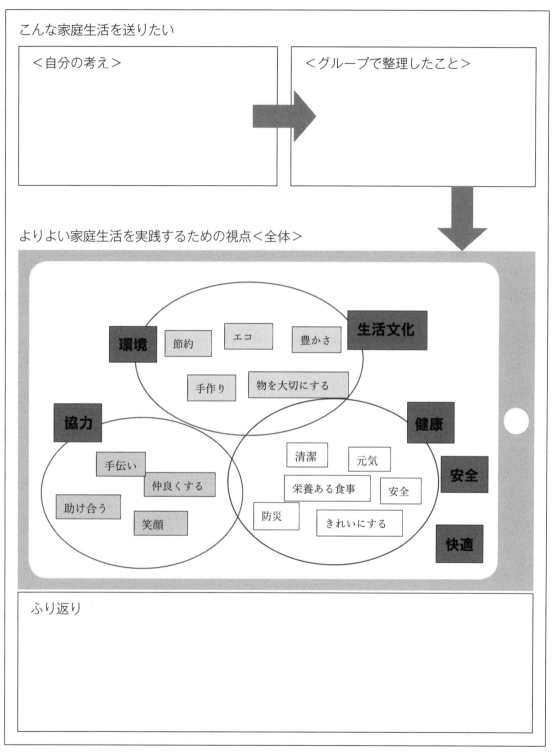

こんな家庭生活を送りたい

＜自分の考え＞

＜グループで整理したこと＞

よりよい家庭生活を実践するための視点＜全体＞

環境　節約　エコ　豊かさ　生活文化

手作り　物を大切にする

協力

手伝い　仲良くする

助け合う　笑顔

清潔　元気

栄養ある食事　安全

防災　きれいにする

健康

安全

快適

ふり返り

（増子律子）

2 ほっと安心　ようこそ小学校

A(3)ア(イ)イ

1 題材について

　この題材は,「A家族・家庭生活」の(3)「家族や地域の人々との関わり」のアの(イ)「地域の人々との関わり」とイ「家族や地域の人々との関わりの工夫」との関連を図っている。「『仲良しタイム』での,幼児との遊びの計画を立てよう」という課題を設定し,「協力」の視点から考え,工夫する活動を通して,家庭生活は地域の人々との関わりで成り立っていることや地域の人々との協力が大切であることを理解するとともに,課題を解決する力を養い,地域の人々との関わりをよりよくしようと工夫する実践的な態度を育成することをねらいとしている。なお,実践活動は,学校行事との関連を図って行っている。

2 題材の目標

(1) 家庭生活は地域の人々との関わりで成り立っていることが分かり,地域の人々との協力が大切であることを理解する。

(2) 地域の人々(幼児)とのよりよい関わりについて問題を見いだして課題を設定し,様々な解決方法を考え,実践を評価・改善し,考えたことを表現するなどして課題を解決する力を身に付ける。

(3) 家族の一員として,生活をよりよくしようと,地域の人々(幼児)とのよりよい関わりについて課題の解決に主体的に取り組んだり,振り返って改善したりして,生活を工夫し,実践しようとする。

3 題材の評価規準

知識・技能	思考・判断・表現	主体的に学習に取り組む態度
家庭生活は地域の人々との関わりで成り立っていることが分かり,地域の人々との協力が大切であることを理解している。	地域の人々(幼児)とのよりよい関わりについて問題を見いだして課題を設定し,様々な解決方法を考え,実践を評価・改善し,考えたことを表現するなどして課題を解決する力を身に付けている。	家族の一員として,生活をよりよくしようと,地域の人々(幼児)とのよりよい関わりについて課題の解決に主体的に取り組んだり,振り返って改善したりして,生活を工夫し,実践しようとしている。

4 指導と評価の計画（全5時間）

〔1〕家庭生活と地域の人々とのつながりについて考えよう ……………………1時間

〔2〕「仲良しタイム」での幼児との関わり方を工夫しよう（本時2・3／5）………2時間

〔3〕「仲良しタイム」での幼児との関わり方を振り返ろう…………………………2時間

★は指導に生かす評価

〔次〕時	○ねらい・学習活動　ICTの活用場面	評価の観点			評価規準〈評価方法〉
		知	思	主	
〔1〕1	○家庭生活が地域の人々との関わりで成り立っていることや地域の人々との協力の大切さが分かり，就学時健診における「仲良しタイム」での幼児との関わり方について課題を設定することができる。 ・地域の生活の様子が分かる写真やこれまで他教科等で行った交流活動等を振り返り，家庭生活と地域とのつながりや地域の人々との協力について話し合う。 ・幼稚園での幼児の様子を動画で視聴し，観察する。 ・幼児（5歳児）が安心して小学校に入学できるよう，「仲良しタイム」での関わり方について問題を見いだし，課題を設定する。	①★	①		〔知〕①家庭生活は地域の人々との関わりで成り立っていることが分かり，地域の人々との協力が大切であることを理解している。 〈ワークシート〉 〔思〕①「仲良しタイム」での，幼児との関わり方について問題を見いだし，課題を設定することができる。 〈ワークシート〉
〔2〕2・3本時	○「仲良しタイム」に向けて，遊びの計画を考え，よりよい関わり方について工夫することができる。 ・<u>「仲良しタイム」での幼児との遊びの内容や関わり方の計画をグループごとに作成する。</u> ・グループごとに「仲良しタイム」における<u>計画を発表する。（オンラインで幼稚園の先生に視聴してもらう。）</u> ・友達や幼稚園の先生の<u>アドバイスをもとに，幼児とのよりよい関わり方をデジタル付箋にまとめ，交流する。</u> ・<u>グループごとに計画を見直し，改善した点を発表する。</u>		②	①②	〔思〕②「仲良しタイム」での幼児との関わり方について，遊びの計画を考え，工夫している。 〈「仲良しタイム」計画・実践記録表〉 〔主〕①幼児とのよりよい関わり方について，課題の解決に向けて主体的に取り組もうとしている。 〈「仲良しタイム」計画・実践記録表〉 〈行動観察〉 〔主〕②幼児とのよりよい関わり方について，課題の解決に向けた一連の活動を振り返って改善しようとしている。 〈「仲良しタイム」計画・実践記録表〉
	就学時健診における，「仲良しタイム」において実践。				
〔3〕4	○幼児との「仲良しタイム」でのよりよい関わり方について発表し合い，評価・改善す				

5	・「仲良しタイム」での，幼児との関わりについて発表し合う。	④	〔思〕④「仲良しタイム」での幼児とのよりよい関わり方についての課題解決に向けた一連の活動について，考えたことを分かりやすく表現している。 〈「仲良しタイム」計画・実践記録表〉 〈行動観察〉
	・「仲良しタイム」での実践を振り返り，よりよく関わるためにどうしたらよいのかを考え，デジタル付箋に記入し，ホワイトボード機能を使って交流する。	③	〔思〕③「仲良しタイム」での幼児とのよりよい関わり方についての課題解決に向けた一連の活動を評価したり，改善したりしている。 〈「仲良しタイム」計画・実践記録表〉 〈行動観察〉
	・地域の人々との関係をよりよいものにするために，自分がこれから協力できることについて考え，発表する。	①	〔知〕①家庭生活は地域の人々との関わりで成り立っていることが分かり，地域の人々との協力が大切であることを理解している。 〈ワークシート〉
		③	〔主〕③幼児とのよりよい関わり方について工夫し，実践しようとする。 〈ワークシート〉

5 本時の展開 (2・3／5時間)

(1)**小題材名** 「仲良しタイム」での幼児との関わり方を工夫しよう

(2)**ねらい** 「仲良しタイム」に向けて，遊びの計画を考え，よりよい関わり方について工夫することができる。

(3)**学習活動と評価**

時間 (分)	学習活動 ICT の活用場面	・指導上の留意点 ■評価規準〈評価方法〉
5	1　本時の学習のめあてを確認する。	
	「仲良しタイム」での遊びの計画を立てよう	
25	2　「仲良しタイム」での幼児との遊びの内容や関わり方の計画をグループごとに作成する。 【遊びの例】 絵本の読み聞かせ，体操遊び 伝承的な遊び，○×クイズ　　　など	・遊びの内容や幼児との関わり方について，簡単なプレゼンテーションにまとめるようにする。 ■思考・判断・表現② 〈「仲良しタイム」計画・実践記録表〉

		■主体的に学習に取り組む態度①
		〈「仲良しタイム」計画・実践記録表〉〈行動観察〉
15	3 グループごとに「仲良しタイム」における計画を発表する。(オンラインで幼稚園の先生に視聴してもらう。)	・遊びの内容だけでなく、幼児との関わり方についても、発表するよう助言する。
10	4 友達や幼稚園の先生のアドバイスをもとに、幼児とのよりよい関わり方をデジタル付箋に記入し、ホワイトボード機能を使って交流する。	・デジタル付箋を整理・分類し、仲良しタイムの計画を改善する視点が明確になるよう、助言する。
25	5 グループごとに計画を見直し、改善した点を発表する。	■主体的に学習に取り組む態度② 〈「仲良しタイム」計画・実践記録表〉〈行動観察〉
10	6 本時の学習を振り返り、今後幼児との関わりに生かしたいことを考える。	・「仲良しタイム」の実践に向けて意欲を高めるようにする。

(4)学習評価のポイント

　本時の「**思考・判断・表現**」の評価規準②については、「仲良しタイム」での幼児との遊びの計画を考え、工夫する場面において「仲良しタイム計画・実践記録表」の記述内容から評価する。

　幼児とよりよく関わるために、遊びの内容を考えたり、その説明に絵や写真、見本を用いたり、話し方などを工夫している場合を、「おおむね満足できる」状況（B）と判断した。その際、「努力を要する」状況（C）と判断される児童に対しては、幼児の様子の動画を再度確認したり、他のグループの幼児との関わり方を参考にしたりして、遊びの計画を具体的に考えることができるようにする。

　「**主体的に取り組む態度**」の評価規準①については、「仲良しタイム」での幼児との遊びの計画を考え、工夫する場面において「仲良しタイム計画・実践記録表」の記述内容及び行動観察から評価する。幼児の様子の動画を繰り返し視聴したり、幼稚園の先生のアドバイスを確認したりして、粘り強く遊びの計画を考えようとしている場合を「おおむね満足できる」状況（B）と判断した。

　「**主体的に取り組む態度**」の評価規準②については、遊びの計画についてグループで見直す場面において、「仲良しタイム計画・実践記録表」の記述内容や及び行動観察から評価する。遊びの計画や説明について自己評価し、上手くいかなかったところを友達や幼稚園の先生に聞いて、よりよく改善しようとしている場合を「おおむね満足できる」状況（B）と判断した。

6 主体的・対話的で深い学びを実現する学習指導〈ICT活用〉の工夫

主 就学時健診の「仲良しタイム」の実践を評価・改善する場面で，1人1台端末を活用し，自分自身の幼児との関わり方を，客観的に振り返ることにより，新たな課題を見いだし，主体的に学習に取り組めるようにする。

対 「仲良しタイム」の計画や実践報告の場面で，1人1台端末を活用し，工夫や改善点を伝え合う活動を充実することにより，互いの考えを深めることができるようにする。

深 観察・経験したことやアドバイスをもとに，「仲良しタイム」の計画を立てて実践する一連の学習過程の中で，「協力」の見方・考え方を働かせながら，課題の解決に向けて自分なりに考え表現することができるようにする。

 ## ｜CT（1人1台端末）の主な活用場面と活用のポイント

〈本時の場面における活用〉

●解決方法の検討と計画（第2・3時）

「仲良しタイム」の計画を立てる場面において，簡単なプレゼンテーションを作成し，計画について発表したり，遊び方について説明したりする活動が考えられる。短時間で絵や写真，動画等を差し込んだり，遊びの内容を調べたりしながらプレゼンテーションを作成することができるため，実践の計画を立てることが苦手な児童にとっても，計画を容易に作成することができるので主体的な学びにつながり効果的である。また，作成したプレゼンテーションを幼稚園の先生にオンラインで視聴してもらう活動が考えられる。離れている人にも思いや考えを伝えられるという点で効果的である。

さらに，他のグループや幼稚園の先生からのアドバイスをもとに，幼児とのよりよい関わり方をデジタル付箋に入力して交流したり，思考ツールを用いて分類・整理したりする活動が考えられる。より多くの児童の意見を集約することができたり，分類・整理することで改善点が分かりやすくなったりするため，対話的な学びにつながり効果的である。

〈その他の場面における活用〉

●実践活動の評価・改善（第4・5時）

「仲よしタイム」での実践を評価し，改善する場面において，実践の様子をカメラ機能を活用して写真や動画に記録し，デジタル付箋を用いて交流する活動が考えられる。友達の実践がイメージしやすくなり，意見の交流がより活発化され，改善策を考える上で効果的である。

ワークシート等の例 ［１人１台端末においても活用可能］

■仲良しタイム計画・実践記録表（本時）

■１人１台端末活用の実際

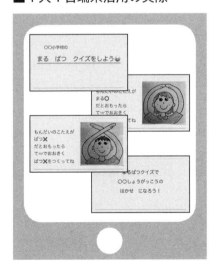

児童が作成した○×クイズのルールを
説明するためのプレゼンテーション

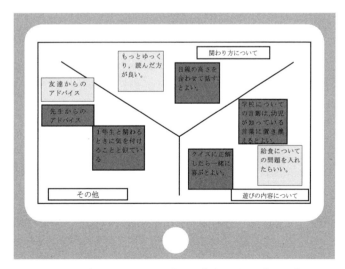

○×クイズを計画しているグループがその他のグループや
幼稚園の先生のアドバイスを分類・整理した図

（為國たまみ）

A　家族・家庭生活

3 地域の人といっしょに過ごそう なごやかタイム

A(3)ア(イ)イ　B(6)ア(ア)

1 題材について

　この題材は，「A家族・家庭生活」の(3)「家族や地域の人々との関わり」のアの(イ)「地域の人々との関わり」及びイと，「B衣食住の生活」の(6)「快適な住まい方」のアの(ア)との関連を図っている。「地域の高齢者と協力してなごやかタイムを過ごそう」という課題を設定し，「協力」などの視点から考え，工夫する活動を通して，家庭生活は地域の人々との関わりで成り立っていることや，地域の人々との協力が大切であること，音と生活の関わりについて理解するとともに，課題を解決する力を養い，地域の人々（高齢者）との関わりをよりよくしようと工夫する実践的な態度を育成することをねらいとしている。

2 題材の目標

(1)　家庭生活は地域の人々との関わりで成り立っていることが分かり，地域の人々との協力が大切であること，快適な住まい方（音）について理解する。

(2)　地域の人々（高齢者）とのよりよい関わりについて問題を見いだして課題を設定し，様々な解決方法を考え，実践を評価・改善し，考えたことを表現するなどして課題を解決する力を身に付ける。

(3)　家族の一員として，生活をよりよくしようと，地域の人々（高齢者）との関わり及び快適な住まい方（音）について，課題の解決に向けて主体的に取り組んだり，振り返って改善したりして，生活を工夫し，実践しようとする。

3 題材の評価規準

知識・技能	思考・判断・表現	主体的に学習に取り組む態度
・家庭生活は地域の人々との関わりで成り立っていることが分かり，地域の人々との協力が大切であることを理解している。 ・快適な住まい方（音）について理解している。	地域の人々（高齢者）とのよりよい関わりについて問題を見いだして課題を設定し，様々な解決方法を考え，実践を評価・改善し，考えたことを表現するなどして課題を解決する力を身に付けている。	家族の一員として，生活をよりよくしようと，地域の人々（高齢者）との関わり及び快適な住まい方（音）について，課題の解決に向けて主体的に取り組んだり，振り返って改善したりして，生活を工夫し，実践しようとしている。

4 指導と評価の計画（全7時間）

〔1〕わたしたちの地域を見つめよう ……………………………………………… 1時間

〔2〕音と生活や地域の人々との関わりについて考えよう（本時2・3／7）……… 2時間

〔3〕地域の高齢者と協力してなごやかタイムを過ごそう ………………………… 4時間

〔次〕時	○ねらい ・学習活動　ICTの活用場面	評価の観点			評価規準〈評価方法〉
		知	思	主	
〔1〕 1	○家庭生活は地域の人々との関わりで成り立っていることを理解することができる。 ・自分と地域の人々との関わりを振り返る。 ・調べてきたことをもとに，地域の行事やルール，マナー（ごみ出し，生活音など）について考える。 ・ウェブ会議で，自治会長さんの地域の活動に対する思いや願いを聞いたり，質問したりする。	①			〔知〕①家庭生活は地域の人々との関わりで成り立っていることを理解している。 〈ワークシート〉
〔2〕 2 ・ 3 本時	○音には快適な音や騒音となる不快な生活音があることや快適に生活するためには，地域の人々との協力が大切であることを理解することができる。 ・季節の音を聴いて，音と日本の生活文化について考える。 ・<u>学校内の音を調べた結果から気付いたことを発表し合う。</u> ・<u>快適な音や不快な生活音を聴いて，感じ方を比べる。</u> ・自分が発する音が地域の人にとって不快になっていないかを考える。 ・地域の快適な生活について話し合う。	② ③			〔知〕②音には快適な音や騒音となる不快な生活音があることを理解している。 〈ワークシート〉 〔知〕③快適に生活するためには，地域の人々との協力が大切であることを理解している。 〈ワークシート〉
〔3〕 4	○地域の高齢者とのなごやかタイムについて問題を見いだして課題を設定することができる。 ・地域の高齢者との関わりを振り返る。 　┌─────────────────┐ 　｜・登下校の見守りをしてもらったり，困｜ 　｜　っているときに声をかけてもらったり｜ 　｜　して，助けてもらっている。　　　｜ 　｜・きちんとあいさつしたり，お礼を言っ｜ 　｜　たりしていない。　　　　　など｜ 　└─────────────────┘ ・地区別縦割り班ごとのなごやかタイムで地域の高齢者と協力しながら遊びを交流するための課題を設定する。 　┌─────────────────┐ 　｜地域の高齢者と協力してなごやかタイム｜ 　｜を過ごそう　　　　　　　　　　　　｜ 　└─────────────────┘ ・学習の見通しをもつ。		①		〔思〕①地域の高齢者とのなごやかタイムについて問題を見いだして課題を設定している。 〈計画・実践記録表〉〈行動観察〉
5	○地域の高齢者と協力してなごやかタイムを過ごすための計画を考え，工夫することができる。		②		〔思〕②地域の高齢者となごやかタイムを過ごすための計画を考え，工夫している。

	・子供の頃の遊びについて高齢者にインタビューした結果をグループで交流する。 ベーゴマ，おはじき，お手玉，あやとり など ・グループで実践に向けた計画を立てる。 【分担】 ６年生…遊びの説明，椅子・パネルの準備，景品作り 高齢者…遊び方のコツ(オンライン，録画) など ・計画を交流し合い，音の聞こえ方について学んだことを生かしながら，見直す。	①	〈計画・実践記録表〉〈行動観察〉 〔主〕①地域の人々（高齢者）との関わりについて，課題の解決に向けて主体的に取り組もうとしている。 〈計画・実践記録表〉 〈ポートフォリオ〉〈行動観察〉

特別活動において実践

| 6
・
7 | ○なごやかタイムでの地域の高齢者との関わりについて評価・改善し，考えたことを分かりやすく説明することができる。
・各自の実践をグループで発表し合う。
・グループで改善策などを提案する。
・地域の人々と更に関わりを深めるためにこれからの生活でどんなことができるか考える。
 | ③

④

②

③ | 〔思〕③なごやかタイムでの地域の高齢者との関わりについて，実践を評価したり，改善したりしている。
〈計画・実践記録表〉
〔思〕④なごやかタイムでの地域の高齢者との関わりについての課題解決に向けた一連の活動について，考えたことを分かりやすく表現している。
〈計画・実践記録表〉〈行動観察〉
〔主〕②地域の人々（高齢者）との関わりについて，課題解決に向けた一連の活動を振り返って改善しようとしている。
〈計画・実践記録表〉
〈ポートフォリオ〉〈行動観察〉
〔主〕③地域の人々（高齢者）との関わりについて工夫し，実践しようとしている。
〈計画・実践記録表〉
〈ポートフォリオ〉〈行動観察〉 |

5 本時の展開 （2・3／7時間）

(1)小題材名 音と生活や地域の人々との関わりについて考えよう

(2)ねらい 音には快適な音や騒音となる不快な生活音があることや快適に生活するためには，地域の人々との協力が大切であることを理解することができる。

(3)学習活動と評価

時間 (分)	学習活動 ICT の活用場面	・指導上の留意点 ■評価規準〈評価方法〉
10	1　季節の音を聴いて，音と日本の生活文化に	・風鈴の音を聴き，その感じ方から音を季節の音を

	ついて考える。 2　本時のめあてを確認する。	大切にしてきた日本の生活文化に気付くことができるようにする。

	地域の快適な生活について考えよう	
15	3　学校内の音を調べ，その結果から気付いたことを発表し合う。 ・音のレベルと比較して考える。	・事前に様々な場所や場面の音を騒音計で測定し，音のレベルと比較して考えさせ，普段の生活で騒音を発生させていることに気付くようにする。
20	4　快適な音や不快な生活音を聴いて，感じ方を比べる。 ・「気になる・不快」と「気にならない・落ち着く」の軸に自分の感じ方を表す。 ・理由を発表し合う。	・快適な音と騒音となる不快な生活音があることや音の感じ方は人それぞれであり，様々な要因があることに気付くようにする。 ■知識・技能② 〈ワークシート〉
15	5　自分が発する音が地域の人にとって不快になっていないかを考える。 ・工夫することや気を付けることを発表する。	・児童がリコーダーの練習をする場面を想定し，実際に音を聴いて考えさせ，時間帯や音の大きさ，防音などの観点から具体的に工夫できるようにする。
20	6　地域の快適な生活について話し合う。 ・高齢者の音の聞こえ方について発表し合い，関わり方や協力の仕方を検討する。	・地域の人々との関わりの大切さや「協力」の視点と結び付けて考えられるようにする。 ■知識・技能③ 〈ワークシート〉
10	7　本時の学習をまとめ，振り返る。	・考えたことや分かったことをまとめ，地域の人々とよりよく関わろうとする意欲を高める。

⑷学習評価のポイント

　本時の「知識・技能」の評価規準②については，快適な音や不快な生活音について考える場面において，ワークシートの記述内容から評価する。音には，快適な音や不快な生活音があること，音の感じ方は人それぞれであり，様々な要因があることなどについて記述している場合を，「おおむね満足できる」状況（B）と判断した。その際，「努力を要する」状況（C）と判断される児童に対しては，具体的な音を例に挙げて児童と一緒に感じ方を確かめたり，音が気になる生活場面を想起して考えさせたりするなど，個に応じた指導を工夫する。

　「知識・技能」の評価規準③については，地域の快適な生活について考える場面において，ワークシートの記述内容から評価する。互いに理解し合って快適に生活するためには，普段の生活において地域の人々との関わりや協力が大切であることを記述している場合を，「おおむね満足できる」状況（B）と判断した。その際，「努力を要する」状況（C）と判断される児童に対しては，リコーダーの練習場面を再度振り返ったり，具体的な例（ピアノの練習など）を挙げて，家族や地域の人がどのように感じるのかを児童と一緒に考えたりするなど，個に応じた指導を工夫する。また，生活体験や地域の行事，ルール，マナーなどについて，具体的な解決方法を挙げ，地域の人々との関わりや協力が大切であることを記述している場合を「十分満足できる」状況（A）と判断した。

6 主体的・対話的で深い学びを実現する学習指導〈ICT活用〉の工夫

主 学校内の生活音を発表し合う場面で，1人1台端末を活用して音のレベルを示すことにより，騒音が発生していることに気付き，課題解決に向けて見通しをもって主体的に学習に取り組めるようにする。

対 快適な音や不快な生活音の感じ方を比べる場面で，1人1台端末を活用し，自分の感じ方をグラフ化して友達と比べ，感じ方とその理由を交流することにより，地域の人々との関わりに関する考えを広げ深めることができるようにする。

深 地域の人々（高齢者）との関わりについて課題を設定し，課題の解決に向けて，地域の人々との関わりや協力の大切さを理解し，地域の人々（高齢者）とよりよく関わるための計画を立て，実践するという一連の学習過程を通して，地域の人々との「協力」という概念の形成につなげることができるようにする。

ICT（1人1台端末）の主な活用場面と活用のポイント

〈本時の場面における活用〉

●解決方法の検討と計画（第2・3時）

　学校内の生活音について発表し合う場面において，共有シート「音のレベルの例」に，騒音計で測定した音の大きさをデジタル付箋で添付することによって，児童は，普段の生活で騒音を発生させていることに容易に気付くことができ，効果的である。

　また，快適な音や不快な生活音を聴いて感じ方を比べる場面において，シート「音の感じ方を表す軸」に各自がどのように感じたかを記入し，集計機能を活用して瞬時に全体で共有することが考えられる。自分や友達の感じ方がグラフで可視化されることにより，音の感じ方は人それぞれであることを理解することができる。さらに，感じ方の異なる児童がその理由を伝え合うことにより，音の感じ方には様々な要因があることに気付き，地域の快適な生活やなごやかタイムでの高齢者との関わりについて考える際にも生かすことができる。

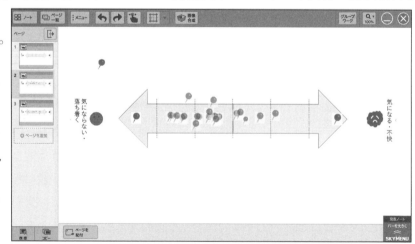

各自の音の感じ方を集計したシート

ワークシート等の例 ［1人1台端末においても活用可能］

■ワークシートの一部（本時）

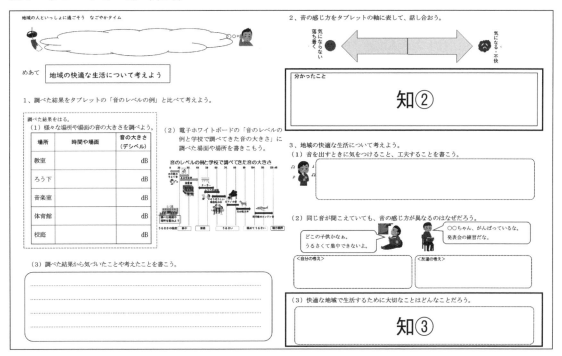

■1人1台端末活用の実際

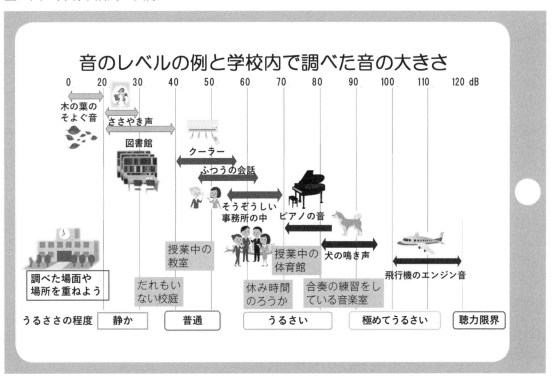

A　家族・家庭生活

4 みんなに届け ありがとうプロジェクト

A(4)ア

1 題材について

　この題材は、「A家族・家庭生活」の(3)「家族や地域の人々との関わり」における、「地域の人々との関わり」の学習を基礎とし、「B衣食住の生活」の(5)「生活を豊かにするための布を用いた製作」、(6)「快適な住まい方」の清掃の仕方で学習した内容との関連を図ったA(4)「家族・家庭生活についての課題と実践」の題材である。第6学年の最後の題材として、2学年間の家庭科学習で身に付けた知識及び技能を活用し、お世話になった地域の人に感謝の気持ちを伝える「ありがとうプロジェクト」に向けてグループで課題を設定し、その解決に向けて、計画を立てて実践し、評価・改善する構成となっている。実践活動は、総合的な学習の時間の単元「見つめよう自分自身、広げよう自分の世界」と関連を図って行っている。

2 題材の目標

(1)　地域の人々との関わりについて、日常生活の中から問題を見いだして課題を設定し、様々な解決方法を考え、「ありがとうプロジェクト」の計画を立てて実践した結果を評価・改善し、考えたことを表現するなどして課題を解決する力を身に付ける。

(2)　家族の一員として、生活をよりよくしようと、「ありがとうプロジェクト」での地域の人々との関わりについて、課題の解決に向けて主体的に取り組んだり、振り返って改善したりして、生活を工夫し、地域などで実践しようとする。

3 題材の評価規準

知識・技能	思考・判断・表現	主体的に学習に取り組む態度
	地域の人々との関わりについて、日常生活から問題を見いだして課題を設定し、様々な解決方法を考え、「ありがとうプロジェクト」の計画を立てて実践した結果を評価・改善し、考えたことを表現するなどして課題を解決する力を身に付けている。	家族の一員として、生活をよりよくしようと、「ありがとうプロジェクト」での地域の人々との関わりについて、課題解決に向けて主体的に取り組んだり、振り返って改善したりして、生活を工夫し、地域などで実践しようとしている。

4 指導と評価の計画（全4時間）

〔１〕「ありがとうプロジェクト」の計画を立てよう·································· 2時間

〔２〕「ありがとうプロジェクト」の実践をふり返ろう（本時３／４）················ 2時間

〔次〕 時	○ねらい ・学習活動　ICTの活用場面	評価の観点			評価規準〈評価方法〉
		知	思	主	
〔１〕 1	○「ありがとうプロジェクト」に向けて，地域の人々との関わりの中から問題を見いだして課題を設定することができる。 ・自分の成長の中での，地域の人との関わりについて振り返り，問題点を話し合う。 ・これまでの学習を生かして，地域の人々との心のつながりに結び付くような課題を設定する。 課題の例 ・感謝の気持ちを伝えるために，スクールガードの人々にきんちゃく袋を製作してプレゼントしよう。 ・もっと仲よくなるために，幼稚園児に布のおもちゃを製作して一緒に遊ぼう。 ・もっとつながりを深めるために，地域の人と一緒にコミュニティーセンターの掃除をしよう。　　　　　　　　　　など		①	①	〔思〕①「ありがとうプロジェクト」に向けて地域の人々との関わりの中から問題を見いだして課題を設定している。 〈計画・実践記録表〉 〔主〕①「ありがとうプロジェクト」での地域の人々との関わりに関する課題の解決に主体的に取り組もうとしている。 〈ポートフォリオ〉〈行動観察〉
2	○課題解決に向けて，よりよい方法を考え「ありがとうプロジェクト」の計画を工夫することができる。 ・グループごとに，具体的な内容や解決方法を考える。 ・分担を考え計画表にまとめる。 ・グループで交流し，友達や先生のアドバイスをもとに実践計画を見直す。		②	②	〔思〕②「ありがとうプロジェクト」での地域の人々との関わりに関する課題の解決に向けて，よりよい生活を考え，計画を工夫している。 〈計画・実践記録表〉 〔主〕②「ありがとうプロジェクト」での地域の人々との関わりに関する課題の解決に向けた一連の活動を振り返って改善しようとしている。 〈ポートフォリオ〉〈行動観察〉
【実践活動】 ○総合的な学習の時間の単元「見つめよう自分自身，広げよう自分の世界」における「感謝の気持ちを伝えよう」において実践（カメラ機能を用いて写真や動画に記録）					
〔２〕 3 本時	○「ありがとうプロジェクト」での実践について，実践発表会で発表することができる。 ・グループごとに実践について発表する。 ・低学年や地域の人からの感想を聞く。（ウェブ会議など） ・他のグループの実践への感想やアドバイスをデジタル付箋に記入して伝え合う。		④		〔思〕④「ありがとうプロジェクト」における地域の人々との関わりに関する課題解決に向けた一連の活動について，考えたことを分かりやすく説明したり，発表したりしている。 〈計画・実践記録表〉 〈発表資料・行動観察〉

| 4 | ○「ありがとうプロジェクト」での地域の人々との関わりについて，実践したことを評価・改善し，更によりよい生活にするために，新たな課題を見付けることができる。
・自分たちの実践についての友達からの感想やアドバイスを聞いて，改善点などを話し合う。

・家族や地域の一員としてこれからも継続できることを考え，「わたしの○○宣言」を作り，発表し合う。 | ③

③ | 〔思〕③「ありがとうプロジェクト」での地域の人々との関わりに関する課題の解決に向けて地域で実践した結果を評価したり，改善したりしている。
〈計画・実践記録表〉〈行動観察〉
〔主〕③よりよい生活にするために，地域の人々との関わりに関する新たな課題を見付け，地域での次の実践に取り組もうとしている。
〈ポートフォリオ〉〈行動観察〉 |

5 本時の展開 （3／4時間）

(1)**小題材名** 「ありがとうプロジェクト」の実践をふり返ろう

(2)**ねらい** 「ありがとうプロジェクト」の実践について，実践発表会で発表することができる。

(3)**学習活動と評価**

時間 （分）	学習活動 ICTの活用場面	・指導上の留意点 ■評価規準〈評価方法〉
5	1　本時のめあてを確認する。	・1人1台端末のプレゼンテーション機能を使い，実践の様子（写真や動画）を事前にまとめておく。
	「ありがとうプロジェクト」の実せん発表をしよう	
15	2　グループごとに，1人1台端末を活用して，「ありがとうプロジェクト」の実践について発表する。 【グループの発表内容例】 ・課題設定の理由 ・家庭科の学習を生かした実践計画 ・学校や地域での実践の様子（写真・動画） ・実践後の感想・考えたこと	・各グループの発表資料を共有することで，実践の様子をより具体的にイメージできるようにする。 ・活動内容の報告だけに留まらず，課題設定の理由や実践後の感想・考えたことなども明確に伝えられるようにする。 ・実践後の感想だけでなく，地域の人々との関わりについて考えたことについても発表できるよう助言する。
10	3　ビデオレターやオンラインで，低学年や地域の人からの感想を聞く。	■思考・判断・表現④ 〈計画・実践記録表〉〈発表資料〉 〈行動観察〉
10	4　他のグループの実践への感想やアドバイスをデジタル付箋に記入して伝える。	・「協力」などの視点から，地域の人々とのよりよい関わりにつながるようなアドバイスをするよう助言する。 ・発表資料は，共有フォルダに保存し，いつでも自由に見ることができるようにしておく。

5	5	本時の学習をまとめ，振り返る。	・本時で交換した感想やアドバイスのコメントの一部を紹介し，次時への意欲付けをする。

⑷学習評価のポイント

　本題材では，「ありがとうプロジェクト」における課題解決の一連の学習活動（課題設定，計画，実践，評価・改善）について記録できる計画・実践記録表（マイプロジェクトシート）を作成している。

　本時の「思考・判断・表現」の評価規準④については，「ありがとうプロジェクト」の計画・実践記録表や発表資料の記述内容，実践発表会の発表の様子などから評価する。「協力」の視点から，学校や地域の人々に感謝の気持ちを伝えるための工夫点や関わりから学んだことなどを写真や動画を用いて表現し，分かりやすく友達に伝えている場合を「おおむね満足できる」状況（B）と判断した。その際，「努力を要する」状況（C）と判断される児童に対しては，再度，実践の様子や分担の内容を確認し，友達の発表資料を参考に，教師と一緒に簡単なスライドを準備できるよう支援する。

　また，自分たちの実践だけでなく，他のグループの実践についても，「協力」の視点から，よりよい関わりにつながる適切なアドバイスを考え，分かりやすく伝えている場合を「十分満足できる」状況（A）と判断した。

6 主体的・対話的で深い学びを実現する学習指導〈ICT活用〉の工夫

主 課題設定の場面で，1人1台端末を活用し，これまでの家庭科学習を通してできるようになったことをデジタル付箋で整理することにより，自分の成長を実感し，感謝の気持ちを伝えるための実践に見通しをもって主体的に学習に取り組めるようにする。

対 実践発表会の場面で，1人1台端末を活用し，実践の様子を大画面で発表したり，工夫点や改善点を伝え合い，今後も継続したいことを話し合ったりする活動を充実させることにより，家族や地域の一員としての関わりについて互いの考えを深めることができるようにする。

深 お世話になった地域の人々へ感謝の気持ちを伝える「ありがとうプロジェクト」の計画を立てて実践する一連の学習過程の中で，「協力」の見方・考え方を働かせながら，課題の解決に向けて自分なりに考え，表現できるようにする。

 ICT（1人1台端末）の主な活用場面と活用のポイント

〈本時の場面における活用〉

●実践活動の評価・改善（第3時）

　各グループの実践発表の場面において，プレゼンテーション機能を活用した資料を用いて発表する活動が考えられる。発表資料は，各自がスライドを分担し，写真や動画を貼り付けるこ

とで，短時間で分かりやすく実践活動をまとめることができ効果的である。

また，他のグループの実践の感想やアドバイスを伝える場面において，デジタル付箋を使ったコメントを送り合う活動が考えられる。その際，共有フォルダに保存してある発表資料を各自が繰り返し見ることができるので，より具体的で的確なアドバイスを考えたり，他のグループの実践を自分の生活に生かしたりすることができ効果的である。

実践に対する他のグループからのアドバイス

〈その他の場面における活用〉

●生活の課題発見（第1時）

自分の成長を振り返り，地域の人々との関わりについて今の自分たちにできることを考え，課題を設定する場面において，各自が記入した課題発見シートをもとに，グループや学級全体で意見を交流する活動が考えられる。デジタル付箋を活用し，アドバイスを送り合ったり，マルチウィンドウ機能を活用して他の意見を比較検討したりすることも効果的である。

●課題解決に向けた実践活動（課外）

学校や地域での実践の場面において，カメラ機能を使い，具体的な様子を写真や動画に記録しておく。また，交流後の地域の人々の感想等を音声や動画で記録して聞き合うことは，地域の一員としてよりよく関わろうとする児童の意欲につながり効果的である。

●実践活動の評価・改善（第4時）

実践における改善点を話し合う場面において，デジタル付箋で送られてきた友達のコメントをホワイトボード機能を使って整理しながら考えをまとめる活動が考えられる。その際，アドバイスの内容ごとにデジタル付箋の色を変えることで，改善点がより明確になり効果的である。

■「ありがとうプロジェクト」計画・実践記録表（マイプロジェクトシート）の一部（本時）

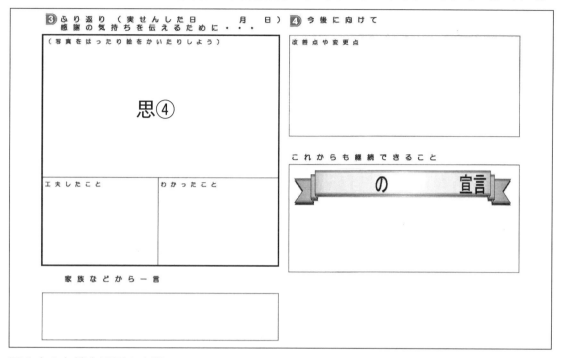

■1人1台端末活用の実際

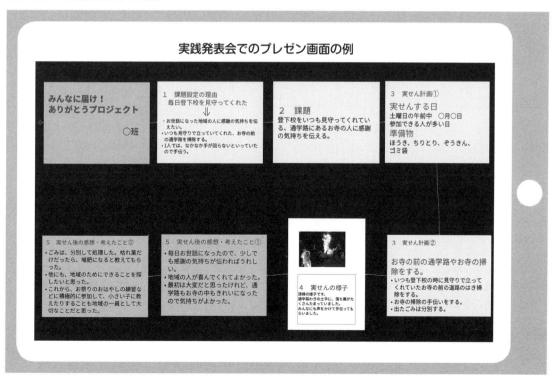

（髙木真由美）

B 衣食住の生活

5 おいしく作ろう ごはんと 秋のオリジナルみそ汁

B(1)ア，(2)ア(ア)(ウ)(オ)イ

1 題材について

　この題材は，「B衣食住の生活」の(1)「食事の役割」のアと，(2)「調理の基礎」のアの(ア)，(ウ)，(オ)及びイとの関連を図っている。伝統的な日常食である「ごはんとみそ汁」の調理について「家族と食べるおいしいごはんと秋のオリジナルみそ汁を工夫しよう」という課題を設定し，「健康」や「生活文化」の視点から，考え，工夫する活動を通して，食事の役割やごはんとみそ汁の調理に関する知識及び技能を身に付けるとともに，課題を解決する力を養い，食生活をよりよくしようと工夫する実践的な態度を育成することをねらいとしている。

2 題材の目標

(1)　食事の役割と食事の大切さ，我が国の伝統的な配膳の仕方，伝統的な日常食である米飯及びみそ汁の調理の仕方について理解するとともに，それらに係る技能を身に付ける。

(2)　おいしく食べるために米飯及びみそ汁の調理計画や調理の仕方について問題を見いだして課題を設定し，様々な解決方法を考え，実践を評価・改善し，考えたことを表現するなどして課題を解決する力を身に付ける。

(3)　家族の一員として，生活をよりよくしようと，食事の役割，伝統的な日常食である米飯及びみそ汁の調理の仕方について，課題の解決に向けて主体的に取り組んだり，振り返って改善したりして，生活を工夫し，実践しようとする。

3 題材の評価規準

知識・技能	思考・判断・表現	主体的に学習に取り組む態度
・食事の役割が分かり，日常の食事の大切さについて理解している。 ・調理に必要な材料の分量や手順が分かり，調理計画について理解している。 ・我が国の伝統的な配膳の仕方について理解しているとともに，適切にできる。 ・伝統的な日常食である米飯及びみそ汁の調理の仕方を理解しているとともに，適切にできる。	おいしく食べるために米飯及びみそ汁の調理計画や調理の仕方について問題を見いだして課題を設定し，様々な解決方法を考え，実践を評価・改善し，考えたことを表現するなどして課題を解決する力を身に付けている。	家族の一員として，生活をよりよくしようと，食事の役割，伝統的な日常食である米飯及びみそ汁の調理の仕方について，課題の解決に向けて主体的に取り組んだり，振り返って改善したりして，生活を工夫し，実践しようとしている。

4 指導と評価の計画（全10時間）

〔次〕時	○ねらい ・学習活動　ICTの活用場面	評価の観点			評価規準〈評価方法〉
		知	思	主	
〔1〕1	○食事の役割と日常の食事の大切さについて理解するとともに，米飯及びみそ汁が我が国の伝統的な日常食であることを理解することができる。 ・日常の食事を振り返り，食事の役割について話し合う。 ・<u>外国の食卓と日本の食卓の写真を比較し</u>，米飯とみそ汁を食べている理由や米飯とみそ汁のよさについて考える。 ・これからの学習の見通しをもつ。 ☐ 家族と食べるおいしいごはんと秋のオリジナルみそ汁を工夫しよう	① ②			〔知〕①食事の役割が分かり，日常の食事の大切さについて理解している。 〈ワークシート〉〈ペーパーテスト〉 〔知〕②米飯及びみそ汁が我が国の伝統的な日常食であることを理解している。 〈ワークシート〉
〔2〕2	○米飯及びみそ汁の調理の仕方について問題を見いだし，おいしく食べるための課題を設定することができる。 ・<u>米飯及びみそ汁の調理の映像をもとに</u>疑問点を発表する。 ・米飯（水加減が異なるもの）とみそ汁（だしの有無）を試食し，気付いたことを発表する。 ・おいしく食べるために，米飯とみそ汁の調理の仕方について課題を設定する。		①		〔思〕①おいしく食べるために米飯及びみそ汁の調理の仕方について問題を見いだして課題を設定している。 〈行動観察〉〈ワークシート〉
3・4	○日本の伝統的な日常食である米飯の調理や配膳の仕方について理解し，適切に炊飯や配膳をすることができる。 ・グループで鍋を用いて炊飯し，米の変化を観察し，記録する。 ・みそ汁の絵カードとともに配膳し，試食する。 ・確認テストにより，米や水の分量，米飯の調理の仕方（米飯の一連の手順）を振り返る。	③ ④			〔知〕③米飯の調理に必要な米や水の分量や計量，調理の仕方について理解しているとともに，適切にできる。 〈ワークシート〉〈行動観察〉 〔知〕④我が国の伝統的な配膳の仕方について理解しているとともに，適切にできる。 〈米飯とみそ汁の配膳の写真〉〈確認テスト〉
5	○日本の伝統的な日常食であるみそ汁の調理について理解し，適切に調理することができる。 ・みそ汁作りの失敗例を視聴し，実験の目的をつかむ。 ・だしのとり方を示範により確認する。 ・<u>大根，油揚げ，ねぎのみそ汁の実の入れ方について実験し，考えたことをまとめ発表する。</u> 【実験の手順】 ①沸騰したお湯に材料を同時に入れる。 ②1，3，5分後にそれぞれの材料を取り出し，色，香り，かたさについて，観察する。			①	〔主〕①伝統的な日常食である米飯及びみそ汁の調理の仕方について，課題の解決に向けて主体的に取り組もうとしている。 〈ポートフォリオ〉〈行動観察〉

時	学習活動			評価規準（評価方法）
6	○みそ汁の調理計画を考え，工夫することができる。 ・材料の分量，実の切り方や入れる順番を考えて，デジタル付箋のカードを使って1人調理の計画を立てる。 ・調理台，コンロ，流しにおける効率のよい作業の仕方を確認する。 ・2人1組で計画をシミュレーションし合い，計画を改善する。		②★	〔思〕②おいしく食べるために米飯及びみそ汁の調理計画について考え，工夫している。 〈調理計画・実習記録表〉〈行動観察〉
7・8	○みそ汁の調理について理解し，適切に調理することができる。 ・大根，油あげ，ねぎのみそ汁を1人で調理する。 ・各自の調理計画に基づき，実習する（2人1組で実践交流し，相互評価する）。 ・気付いたことを実習記録表に記入する。 ・確認テストにより，みそ汁の調理の仕方を振り返る。	⑤		〔知〕⑤みそ汁の調理に必要な材料の分量や計量，調理の仕方について理解しているとともに，適切にできる。 〈調理計画・実習記録表〉〈行動観察〉 〈確認テスト〉
〔3〕9本時	○1人1台端末を用いて「家族と食べるおいしいごはんと秋のオリジナルみそ汁」の1人調理の計画を立てる。 ・クラウド上の「秋の実コレクション」の中から，みそ汁に入れる実を選び，選んだ理由や分量を調理計画表に記入する。 ・デジタル付箋により調理手順を考える。 ・グループで発表し合い，互いのアドバイスを参考にして，調理計画を改善する。		② ②	〔思〕②おいしく食べるために米飯及びみそ汁の調理計画について考え，工夫している。 〈調理計画・実践記録表〉〈行動観察〉 〔主〕②伝統的な日常食である米飯及びみそ汁の調理の仕方について，課題解決に向けた一連の活動を振り返って改善しようとしている。 〈ポートフォリオ〉〈調理計画・実践記録表〉 〈行動観察〉
	家庭実践※1人1台端末を用いて記録に残す			
10	○「家族と食べるおいしいごはんと秋のオリジナルみそ汁作り」の実践をグループで発表し合い，調理計画を評価・改善する。 ・各自の実践をグループで発表し合う。 ・実践を振り返り，調理計画の改善点を確認する。	④ ③ ③		〔思〕④おいしく食べるために米飯及びみそ汁の調理計画や調理の仕方についての課題解決に向けた一連の活動について，考えたことを分かりやすく表現している。 〈行動観察〉〈調理計画・実践記録表〉 〔思〕③おいしく食べるために米飯及びみそ汁の調理計画や調理の仕方について，実践を評価したり，改善したりしている。 〈調理計画・実践記録表〉 〔主〕③伝統的な日常食である米飯及びみそ汁の調理の仕方について工夫し，実践しようとしている。 〈ポートフォリオ〉〈調理計画・実践記録表〉 〈行動観察〉

5 本時の展開（9／10時間）

(1)**小題材名** 家族と食べるおいしいごはんと秋のオリジナルみそ汁を工夫しよう

(2)**ねらい** 「家族と食べるおいしいごはんと秋のオリジナルみそ汁」の調理計画を考え，工夫することができる

⑶学習活動と評価

時間(分)	学習活動 ICTの活用場面	・指導上の留意点 ■評価規準〈評価方法〉
5	1　前時を振り返り，本時のめあてをつかむ。	・1人1台端末を用いて，前時までの学びを振り返りグループで共有させる。
	「家族と食べるおいしいごはんと秋のオリジナルみそ汁」を作るための計画を考えよう	
25	2　1人1台端末を用いて「家族と食べるおいしいごはんと秋のオリジナルみそ汁」の1人調理の計画を立てる。 ⑴クラウド上の「秋の実コレクション」の中から，みそ汁に入れる実を選び，選んだ理由や分量を調理計画表に記入する。 ⑵デジタル付箋により調理手順を考える。 デジタル付箋の色 ○みそ汁に関すること（ピンク） ○ごはんに関すること（淡黄） ○準備に関すること（水色）	・前時までの学習内容はクラウドやサーバ等の共有フォルダに保存して，繰り返し視聴できるようにしておく。 ・「秋の実コレクション」には秋の野菜の栄養や画像を保存しておく。 ・調理台，こんろ，流しにおける効率のよい作業の仕方を考えるよう助言する。 ・ごはんは炊飯器による調理とすることを伝え，調理計画に生かすように助言する。 ■思考・判断・表現② 〈調理計画・実践記録表〉〈行動観察〉
10	3　グループで発表し合い，互いのアドバイスを参考にして，調理計画を改善する。	・理由を明確にしてアドバイスするよう助言する。
5	4　本時を振り返る。	・本時の計画をもとに家庭での実践を行った後，実践交流会を行うことを伝える。 ■主体的に取り組む態度② 〈ポートフォリオ〉〈調理計画・実践記録表〉 〈行動観察〉

⑷学習評価のポイント

本時の「思考・判断・表現」の評価規準②については「家族と食べるおいしいごはんと秋のオリジナルみそ汁」の調理計画を考え，工夫する場面において，調理計画・実践記録表の記述内容から評価する。「健康」及び「生活文化」の視点から秋を意識した実の組み合わせや分量，調理台やコンロ，流しでの効率を考えた手順を工夫している場合を「おおむね満足できる」状況（B）と判断した。その際，「努力を要する」状況（C）と判断される児童に対しては，実の組み合わせや分量，調理の手順を共有フォルダの資料や，他の児童の計画表を参考にするなどして調理計画を立てることができるようにする。また，実の彩りや家族の好みなども考慮しながら実の取り合わせを考え，計画を立てている場合を「十分満足できる」状況（A）と判断した。

「主体的に取り組む態度」の評価規準②については，振り返りの場面において，ポートフォリオや調理計画及び行動観察から評価する。調理計画について適切に自己評価し，確認テストを振り返って調理計画に生かしたり，他の児童のアドバイスを参考にしたりして計画を見直そうとしている場合を，「おおむね満足できる」状況（B）と判断した。

6 主体的・対話的で深い学びを実現する学習指導〈ICT 活用〉の工夫

[主] 課題設定の場面で，1人1台端末を活用し，外国の食卓と日本の食卓の写真を比較し，ごはんとみそ汁のよさに気付くことにより，家庭における実践につなげるという学習の見通しをもって主体的に学習に取り組めるようにする。

[対] 家庭での実践報告会の場面で，1人1台端末を活用し，工夫や改善点を伝え合う活動を充実することにより，伝統的な日常食であるごはんとみそ汁について互いの考えを深めることができるようにする。

[深] 「家族と食べるおいしいごはんと秋のオリジナルみそ汁作り」の計画を立てて実践する一連の学習過程の中で，「健康」や「生活文化」の見方・考え方を働かせながら，課題の解決に向けて自分なりに考え，表現することができるようにする

 ## ICT（1人1台端末）の主な活用場面と活用のポイント

〈本時の場面における活用〉

●解決方法の検討と計画（第9時）

「家族と食べるおいしいごはんと秋のオリジナルみそ汁」を作るための計画を工夫する場面において，クラウドやサーバ等の共有フォルダに保存してある「秋の実コレクション」を活用してみそ汁の実を選ぶことにより，課題解決の見通しをもつことができる。

また，あらかじめ準備しておいた手順カード（デジタル付箋）を端末の画面上で動かすことにより，時間をかけずに容易に調理計画表が作成できる。新たなカードを計画表に追加することで，自分なりの調理計画表を作成することができ，主体的な学びにつながり効果的である。

〈その他の場面における活用〉

●課題解決に向けた実践活動（第7・8時）

1人で調理する場面において，クラウドやサーバ等の共有フォルダに保存されている適切な調理の仕方の動画を活用することが考えられる。何度も繰り返し視聴でき，知識及び技能の習得に効果的である。また，ペアで互いの実習の様子を撮影し保存することで，適切な方法との比較し各自の技能の習得状況を把握することができ，自己評価や改善につながり効果的である。

●実践活動の評価・改善（第10時）

実践報告会の準備や発表の場面において，カメラ機能やプレゼンテーション機能を活用することにより家庭実践の様子を容易に分かりやすくまとめることができる。自分や友達の実践の具体的なイメージをもつこともでき効果的である。また，デジタル付箋でコメントを送り合うことで，意見の交流がより活発化されるとともに，実践の改善点を明確にすることができ効果的である。

ワークシート等の例 ［1人1台端末においても活用可能］

■ワークシート（本時）の一部

〈おいしく作ろう！ごはんと秋のオリジナルみそ汁（9時間目）〉

めあて「家族と食べるおいしいごはんと秋のオリジナルみそ汁」を作るための計画を立てよう

5年（　）組（　）号 名前（　　　　　　　　）

秋のオリジナルみそ汁名「　　　　　　　　　　」

材料、分量（2人分）、切り方
□

□

□

○みそ汁の実をこの材料にした理由は・・・・

思②

■1人1台端末活用の実際

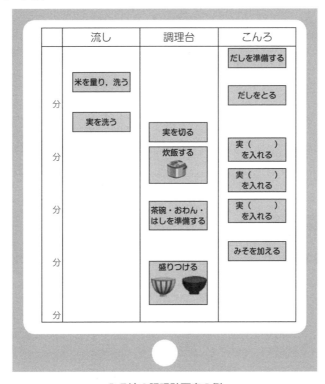

みそ汁の調理計画表の例　　　　　　　　　（粟田佳代）

B　衣食住の生活

いつもの朝食　いためる調理でプラスワン

6

B(1)ア，(2)ア(ｱ)(ｲ)(ｳ)(ｴ)イ　C(1)ア(ｲ)イ

1 題材について

　本題材は，「B 衣食住の生活」の(2)「調理の基礎」のアの(ｱ)，(ｲ)，(ｳ)，(ｴ)及びイと，(1)「食事の役割」のア，「C 消費生活・環境」(1)「物や金銭の使い方と買物」のアの(ｲ)「身近な物の選び方，買い方」「情報の収集・整理」及びイとの関連を図っている。「プラスワン野菜いためでいつもの朝食をよりよくしよう」という課題を設定し，「健康・安全」や「持続可能な社会の構築」の視点から考え，工夫する活動を通して，食事の役割や調理の仕方，材料の選び方等に関する知識及び技能を身に付けるとともに，課題を解決する力を養い，食生活をよりよくしようと工夫する実践的な態度を育成することをねらいとしている。

2 題材の目標

(1)　食事の役割が分かり，調理に必要な材料の分量や手順，調理に必要な用具の安全な取扱い，調理に適した切り方，後片付け，材料に適したいため方，材料の選び方について理解するとともに，それらに係る技能を身に付ける。

(2)　プラスワン野菜いための調理計画や調理の仕方，材料の選び方について問題を見いだして課題を設定し，様々な解決方法を考え，実践を評価・改善し，考えたことを表現するなどして課題を解決する力を身に付ける。

(3)　家族の一員として，生活をよりよくしようと，プラスワン野菜いための調理計画や調理の仕方，材料の選び方について，課題の解決に向けて主体的に取り組んだり，振り返って改善したりして，生活を工夫し，実践しようとする。

3 題材の評価規準

知識・技能	思考・判断・表現	主体的に学習に取り組む態度
・食事の役割や日常の食事の大切さについて理解している。 ・調理に必要な材料の分量や手順について理解している。 ・調理に必要な用具の安全な取扱いについて理解しているとともに，適切に使用できる。 ・調理に適した切り方，後片付けを理解しているとともに，適切にできる。 ・材料に適したいため方を理解しているとともに，適切にできる。 ・材料の選び方を理解しているとともに，購入するために必要な情報の収集・整理が適切にできる。	プラスワン野菜いための調理計画や調理の仕方，材料の選び方について問題を見いだして課題を設定し，様々な解決方法を考え，実践を評価・改善し，考えたことを表現するなどして課題を解決する力を身に付けている。	家族の一員として，生活をよりよくしようと，プラスワン野菜いための調理計画や調理の仕方，材料の選び方について，課題の解決に向けて主体的に取り組んだり，振り返って改善したりして，生活を工夫し，実践しようとしている。

4 指導と評価の計画 (全9時間)

〔1〕 いつもの朝食を見つめよう ……………………………………………… 2時間

〔2〕 朝食に合うプラスワン野菜いためを作ろう (本時9／9)……………… 7時間

★は指導に生かす評価

〔次〕時	○ねらい ・学習活動　ICTの活用場面	評価の観点			評価規準〈評価方法〉
		知	思	主	
〔1〕 1	○自分のいつもの朝食を見つめ，朝食の役割や大切さを理解することができる。 ・自分の成長と朝食との関わり，朝食の役割や大切さを知る。 ・各自が自分の朝食や朝の過ごし方を振り返り，朝食づくりの工夫や条件についてまとめる。	①			〔知〕①食事の役割や日常の食事の大切さについて理解している。 〈ワークシート〉
2	○プラスワン野菜いための調理の仕方や材料の選び方について課題を設定することができる。 ・Aさんの朝食例を①栄養バランス，②食材の種類，③色どり，④味，⑤季節の食材の5つの観点から，気が付いたことを発表し合う。 【Aさんの朝食例】 ・ごはん・みそ汁（ねぎ，わかめ）・ゆで卵 ・プラスワン野菜いための調理の仕方や材料の選び方について問題を見いだし，課題を設定する。		①		〔思〕①プラスワン野菜いための調理計画や調理の仕方，材料の選び方について問題を見いだして課題を設定している。 〈ワークシート〉〈行動観察〉
〔2〕 3 ・ 4	○野菜の種類に応じたいため方を理解し，三色野菜いためを作ることができる。 ・切り方や火加減を変えて調理したにんじん，キャベツ，ピーマンを試食する。 ・示範を見て，フライパンの安全な取扱いと後片付けについてまとめる。 ・調理計画に基づき2人1組で実践を交流し，試食する。 【調理実習中の児童A・児童Bの動き】 児童A：調理する 児童B：児童Aが調理をしている様子を動画機能で撮影する	② ★ ③ ★		 ①	〔知〕②材料や目的に応じた切り方，いため方について理解しているとともに，適切にできる。 〈行動観察（動画）〉〈ミニテスト〉 〔知〕③フライパンの安全な取扱いと後片付けについて理解しているとともに，適切に使用できる。 〈行動観察（動画）〉 〔主〕①プラスワン野菜いための調理計画や調理の仕方，材料の選び方について，課題の解決に向けて主体的に取り組もうとしている。 〈ワークシート〉〈行動観察〉
5	○プラスワン野菜いために用いる加工食品の品質や価格などを調べ，材料の選び方や買い方について考えることができる。	④			〔知〕④プラスワン野菜いために用いる加工食品の選び方，買い方を理解しているとともに，購入する

時	学習活動	知	思	主	評価規準（評価方法）
	・ベーコンの購入を想定した買物シミュレーションを行い，4種類のベーコンの品質や価格などの情報を集めて整理する。 ・整理した情報をもとに，一つを選ぶことができる。 ・調理に必要な材料の購入計画を立てる。				ために必要な情報の収集・整理が適切にできる。 〈ワークシート〉〈行動観察〉
6	○プラスワン野菜いための材料や調理の仕方，手順を考え調理計画を工夫することができる。 ・各自が自分で作るプラスワン野菜いために用いる野菜と加工食品を選び，分量や調理の手順を考え調理計画を立てる。 【プラスワン野菜いための内容】 ・野菜　→3種類 ・魚や肉の加工食品　→1種類 ・調理実習のペアやグループで意見交換をしながら計画を見直し，改善したことを発表する。		② ④		〔思〕②プラスワン野菜いための調理計画や調理の仕方，材料の選び方について実践に向けた計画を考え，工夫している。 〈調理計画・実習記録表〉 〔思〕④プラスワン野菜いための調理計画や調理の仕方，材料の選び方についての課題解決に向けた一連の活動について考えたことを分かりやすく表現している。 〈調理計画・実習記録表〉
7・8	○材料や目的に応じた切り方，いため方で，プラスワン野菜いためを調理することができる。 ・調理計画に基づき，2人1組で調理の実践を交流する。 【調理実習中の児童A・児童Bの動き】 児童A：調理する 児童B：児童Aが調理をしている様子を動画機能で撮影する ・実践を振り返り，自己評価する。	② ③		②	〔知〕②材料や目的に応じた切り方，いため方について理解しているとともに，適切にできる。 〈行動観察（動画）〉 〔知〕③フライパンの安全な取扱いと後片付けについて理解しているとともに，適切に使用できる。 〈行動観察（動画）〉 〔主〕②プラスワン野菜いための調理計画や調理の仕方，材料の選び方ついて，課題解決に向けた一連の活動を振り返って改善しようとしている。 〈調理計画・実習記録表〉 〈ワークシート〉
9 本時	○プラスワン野菜いための調理計画や調理の仕方，材料の選び方について振り返り，評価・改善することができる。 ・撮影した動画をもとに実践を振り返る。調理の仕方や材料の選び方についてペアやグループでアドバイスし合い，調理計画を改善する。 ・Aさんの朝食例にプラスワン野菜いための写真を加え，気付いたことを話し合う。		③	③	〔思〕③プラスワン野菜いための調理計画や調理の仕方，材料の選び方について，実践を評価したり，改善したりしている。 〈調理計画・実習記録表〉 〔主〕③プラスワン野菜いための調理計画や調理の仕方，材料の選び方について工夫し，実践しようとしている。 〈ワークシート〉〈行動観察〉

5 **本時の展開** (9／9時間)

(1)小題材名 朝食に合うプラスワン野菜いためを作ろう

(2)ねらい プラスワン野菜いための調理計画や調理の仕方，材料の選び方について振り返り，評価・改善することができる。

(3)学習活動と評価

時間 (分)	学習活動 ICT の活用場面	・指導上の留意点 ■評価規準〈評価方法〉
5	1　本時のめあてを確認する。 プラスワン野菜いための調理を振り返り，朝食づくりをレベルアップしよう	
30	2　撮影した動画をもとに，前時に行ったプラスワン野菜いための実践を振り返る。 3　調理の仕方や材料の選び方についてペアやグループでアドバイスし合い，調理計画を改善する。	・調理中の動画を用いて，児童がいためる調理に関わる技能の習得を実感したり，調理全体の様子を客観的に振り返ったりできるようにする。 ■思考・判断・表現③ 〈調理計画・実習記録表〉
10	4　Aさんの朝食例に各自のプラスワン野菜いための写真を加え，気付いたことを話し合う。 5　これまでの学習をまとめ，これからの自分の朝食で工夫したいことを発表する。	・第2時で使用したワークシートと本時のワークシートを比較し，プラスワン野菜いためを加えると朝食の栄養のバランスがよりよくなることに気付くことができるようにする。 ■主体的に学習に取り組む態度③ 〈ワークシート〉〈行動観察〉

(4)学習評価のポイント

　本時の「思考・判断・表現」の評価規準③については，プラスワン野菜いための実践を振り返る場面において，調理計画・実習記録表の実践後の「振り返り」や「改善したいこと」の記述内容から評価する。実践の様子を撮影した動画，ペアやグループでのアドバイスを参考にし，調理の仕方や材料の選び方について具体的な改善策を記入している場合を「おおむね満足できる」状況（B）と判断した。その際，「努力を要する」状況（C）と判断される児童に対しては，食材カードや友達が作った野菜いための写真を用いて材料選びを工夫したり，動画で調理の仕方を振り返ったりして，調理計画を改善できるようにする。

　本時の「主体的に学習に取り組む態度」の評価規準③については，ワークシートの記述内容及び行動観察から評価する。いためる調理のよさや，プラスワン野菜いためを組み合わせると朝食がよりよくなることを実感し，自分も家庭で実践しようとしている場合を「おおむね満足できる」状況（B）と判断した。

6 主体的・対話的で深い学びを実現する学習指導〈ICT活用〉の工夫

主 課題設定の場面で，1人1台端末を活用し，Aさんの朝食例を5つの観点から評価する活動を取り入れ，児童がいつもの朝食に目を向けることができるようにする。これにより，プラスワン野菜いためでいつもの朝食をよりよくしようという学習の見通しをもって主体的に学習に取り組めるようにする。

対 調理計画の工夫・改善の場面で，1人1台端末で撮影した調理の動画を活用し，ペアやグループで工夫や改善点を伝え合う活動を充実する。このことにより，よりよい調理の仕方や材料の選び方について，互いの考えを深めることができるようにする。

深 プラスワン野菜いための調理計画や調理の仕方，材料の選び方を考える一連の学習過程の中で「健康・安全」，「持続可能な社会の構築」等の見方・考え方を働かせながら，課題の解決に向けて自分なりに考え，表現することができるようにする。

 CT（1人1台端末）の主な活用場面と活用のポイント

〈本時の場面における活用〉

●実践活動の評価・改善の場面（第9時）

プラスワン野菜いための実践を評価・改善する場面において，第7・8時間目で撮影した2回目の調理の動画を活用することが考えられる。その際，クラウドやサーバ等の共有フォルダに保存してある見本動画や1回目と2回目の調理の様子を比べることで，いためる調理に関わる技能の習得状況を確認できるよさがある。また，ペアやグループでアドバイスし合う活動において，動画を活用することが考えられる。動画の中から根拠を示して具体的にアドバイスをすることは，よりよい調理に向けた課題を設定する上で効果的である。

さらに，Aさんの朝食について第2時で記入したワークシートと本時のワークシートを比較する活動が考えられる。自分が作ったプラスワン野菜いための写真を加えて表示することにより，Aさんの朝食が改善されている様子を確認することができ，家庭での実践に向けた意欲につなげる上で効果的である。

〈その他の場面における活用〉

●課題解決に向けた実践活動（第3・4・7・8時）

材料や目的に応じていためる調理をする場面において，動画機能を使って野菜の切り方を確認したり，自分の実践を撮影したりする活動が考えられる。クラウドやサーバ等の共有フォルダに教師が作成した切り方見本動画を保存しておくことで，児童がいつでも繰り返し見本動画を確認することができるようになり，包丁の技能の向上を図る上で効果的である。また，自分の実践を撮影し記録しておくことで，自らの調理の様子を客観的に捉えることができるようになり，評価・改善の場面においてよりよい調理に向けた課題を明確にすることにつながる。

■調理計画・実習記録表の一部（本時）

■1人1台端末活用の実際

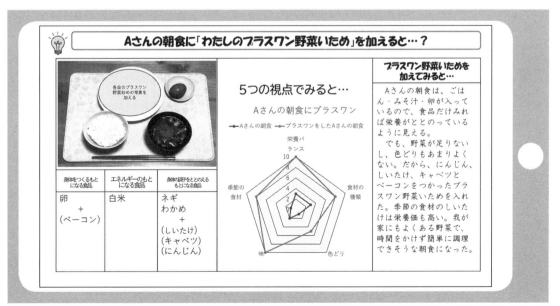

ワークシートの例

（小笠原由紀）

7 工夫しよう　わが家の秋の休日ランチ

B(3)ア(ウ)イ

1 題材について

　この題材は、「B衣食住の生活」の(3)「栄養を考えた食事」のアの(ウ)「献立を構成する要素，献立作成の方法」及びイの関連を図った題材である。「栄養のバランスを考えて，『わが家の秋の休日ランチ』の献立を立てよう」という課題を設定し，「健康」などの視点から考え，工夫する活動を通して，献立を構成する要素，1食分の献立作成に関する知識を身に付けるとともに，食生活の課題を解決する力を養い，自分と家族の食生活をよりよくしようと工夫する実践的な態度を育成することをねらいとしている。

2 題材の目標

(1)　献立を構成する要素が分かり，1食分の献立作成の方法について理解する。

(2)　1食分の献立の栄養のバランスについて問題を見いだして課題を設定し，様々な解決方法を考え，実践を評価・改善し，考えたことを表現するなどして課題を解決する力を身に付ける。

(3)　家族の一員として，生活をよりよくしようと，栄養を考えた1食分の献立について，課題解決に向けて主体的に取り組んだり，振り返って改善したりして，生活を工夫し，実践しようとする。

3 題材の評価規準

知識・技能	思考・判断・表現	主体的に学習に取り組む態度
献立を構成する要素が分かり，1食分の献立作成の方法について理解している。	1食分の献立の栄養のバランスについて問題を見いだして課題を設定し，様々な解決方法を考え，実践を評価・改善し，考えたことを表現するなどして課題を解決する力を身に付けている。	家族の一員として，生活をよりよくしようと，栄養を考えた1食分の献立について，課題解決に向けて主体的に取り組んだり，振り返って改善したりして，生活を工夫し，実践しようとしている。

4 指導と評価の計画（全4時間）

〔次〕 時	○ねらい ・学習活動　ICTの活用場面	評価の観点			評価規準〈評価方法〉
		知	思	主	
〔1〕 1	○「わが家の秋の休日ランチ」の献立について問題を見いだして課題を設定することができる。 ・太郎さんの休日ランチ（おにぎりとみそ汁）の献立から気付いたことを発表する。 ・平日の学校給食と休日ランチを比較して，栄養のバランスのよい献立について話し合う。 ・各自が休日ランチについて問題を見いだして課題を設定する。 　栄養のバランスを考えて，「わが家の秋の休日ランチ」の献立を立てよう ・課題解決に向けて学習の見通しをもつ。		①		〔思〕①「わが家の秋の休日ランチ」の献立について問題を見いだして課題を設定している。 〈ワークシート〉
〔2〕 2	○献立を構成する要素が分かり，1食分の献立作成の方法について理解することができる。 ・学校給食の献立が主食，主菜，副菜で構成されていること，栄養素の主な働きによる三つのグループの食品がそろった1食分であることを確認する。 ・献立作成の手順を確認する。 ・献立作成の手順に沿ってグループで太郎さんの休日ランチの献立を立てる。 ・立てた献立の栄養バランスを検討する。	①			〔知〕①献立を構成する要素が分かり，1食分の献立作成の方法について理解している。 〈ワークシート〉〈ペーパーテスト〉
〔3〕 3 本時	○「わが家の秋の休日ランチ」の献立について栄養のバランスを考え，工夫することができる。 ・「わが家の秋の休日ランチ」の課題を踏まえ，ごはんとみそ汁に主菜と副菜を組み合わせて献立を立てる。 ・「わが家の秋の休日ランチ」の献立の食品を三つのグループに分けて栄養のバランスを確認する。		② ①		〔思〕②「わが家の秋の休日ランチ」の献立について栄養のバランスを考え，工夫している。 〈ワークシート（献立）〉 〔主〕①「わが家の秋の休日ランチ」について，課題の解決に向けて主体的に取り組もうとしている。 〈振り返りシート〉〈行動観察〉

時	学習活動			評価規準〈評価方法〉
	・栄養のバランスをよくするために料理や食品の組合せを検討する。 ・献立に秋らしさを取り入れる工夫をする。 ・工夫したことをまとめる。			
4 ・ 5	○「わが家の秋の休日ランチ」の献立について発表し合い，評価したり，改善したりすることができる。 ・前時で立てた献立をグループで発表し，デジタル付箋を活用し，献立のよい点やアドバイスなどを入力して交流し合う。		④	〔思〕④「わが家の秋の休日ランチ」の献立についての課題解決に向けた一連の活動について，考えたことを分かりやすく表現している。 〈ワークシート（献立）〉〈行動観察〉
	・各グループの最もよい献立を全体で発表する。 ・友達や地域の食育アドバイザーなどから献立についてアドバイスをもらう。（ウェブ会議も可能）		③	〔思〕③「わが家の秋の休日ランチ」の献立について評価したり，改善したりしている。 〈ワークシート（献立）〉
	・友達の献立や地域の食育アドバイザーなどからのアドバイスを参考に「わが家の秋の休日ランチ」の献立を見直す。		②	〔主〕②「わが家の秋の休日ランチ」の献立について，課題解決に向けた一連の活動を振り返って改善しようとしている。 〈振り返りシート〉〈行動観察〉
			③	〔主〕③「わが家の秋の休日ランチ」について工夫し，実践しようとしている。 〈振り返りシート〉〈行動観察〉

5 本時の展開 （3／5時間）

(1)**小題材名** 「わが家の秋の休日ランチ」の献立を立てよう

(2)**ねらい** 「わが家の秋の休日ランチ」の献立について栄養のバランスを考え，工夫することができる。

(3)**学習活動と評価**

時間 （分）	学習活動 ICT の活用場面	・指導上の留意点 ■評価規準〈評価方法〉
5	1　これまでの学習を振り返る。 2　本時の学習のめあてを確認する。	・課題や献立作成の手順を想起させ，課題解決に向けて主体的に取り組むことができるようにする。
	栄養のバランスを考えて，「わが家の秋の休日ランチ」の献立を工夫しよう	
10	3　「わが家の秋の休日ランチ」の課題を踏まえ，ごはんとみそ汁に主菜と副菜を組み合わせて献立を立てる。	・スライドにある料理例から主菜や副菜を選ぶ際，理由を明確にするように伝える。

15	・主菜と副菜，みそ汁の実を決める。 4　「わが家の秋の休日ランチ」の献立の食品を三つのグループに分けて，栄養のバランスを確認する。 5　栄養のバランスをよくするために料理や食品の組合せを検討する。 6　献立に秋らしさを取り入れる工夫をする。 ・ゆで人参は，紅葉の形にする。 ・みそ汁の実を秋の食材に変える。 ・紅葉の葉を添える。 ・秋らしい器に盛る。　　　　　など	・食品を分類することが困難な児童には，事前に1人1台端末に保存してある食品分類表を参考にするよう助言する。 ・栄養のバランスを中心に，家族が喜ぶ献立になっているかなどを考えて料理を変更したり，秋らしさを取り入れて食品を加えたりするよう助言する。
10	7　「わが家の秋の休日ランチ」の献立について工夫したことをまとめる。	・「わが家の秋の休日ランチ」の課題を踏まえ，主菜や副菜，みそ汁の実を選んだ理由や秋らしさを取り入れて工夫したことなどを記入するよう助言する。 ■思考・判断・表現② 〈ワークシート（献立）〉
5	8　本時の学習を振り返り，次時の活動を確認する。	■主体的に学習に取り組む態度① 〈振り返りシート〉

(4)学習評価のポイント

　本時の「思考・判断・表現」の評価規準②については，「わが家の秋の休日ランチ」の献立を工夫する場面において，献立表の記述内容から評価する。わが家の課題を踏まえて，米飯及びみそ汁に組み合わせる主菜と副菜，みそ汁の実を考え，不足している食品を補うなど，栄養のバランスを考えて献立を工夫している場合を，「おおむね満足できる」状況（B）と判断した。その際，「努力を要する」状況（C）と判断される児童に対しては，食品の栄養的な特徴や献立を構成する要素，献立作成の方法について児童と一緒に確認し，栄養のバランスを考えて作成できるように，個に応じた指導を工夫する。また，栄養のバランスの工夫に加えて，色どりや味のバランス，家族の好みなどを考えたり，秋らしさを加えて献立を工夫したりしている場合を「十分満足できる」状況（A）と判断した。

　「主体的に学習に取り組む態度」の評価規準①については，学習を振り返る場面において，振り返りシートの記述内容から評価する。献立の栄養バランスをよりよくしようと友達に聞いたり，1人1台端末で食材を調べたりして，粘り強く取り組んだことを記述している場合を，「おおむね満足できる」状況（B）と判断した。その際，「努力を要する」状況（C）と判断される児童に対しては，個別に声かけをして，太郎さんの休日ランチの献立の立て方を一緒に振り返り，献立作成の方法を確認するなど，個に応じた指導を工夫する。

6 主体的・対話的で深い学びを実現する学習指導〈ICT 活用〉の工夫

主 課題設定の場面で，1人1台端末を活用し，太郎さんの休日と平日（学校給食）の昼食を比較して気付いたことをデジタル付箋を使って意見交流することにより，1食分の献立についての課題解決に向けて見通しをもって主体的に学習に取り組むことができるようにする。

対 グループで献立を発表し合う場面で，1人1台端末を活用し，作成した献立をプレゼンテーション機能を用いて発表し合うことにより，栄養のバランスのよい1食分の献立について考えを広げ深めることができるようにする。

深 「わが家の秋の休日ランチ」の献立について課題を設定し，課題解決に向けて，栄養のバランスのよい献立にするために工夫したり，献立を評価・改善したりするなどの一連の学習過程の中で，「健康」などの見方・考え方を働かせながら，自分なりに考え，表現することができるようにする。

ICT（1人1台端末）の主な活用場面と活用のポイント

〈本時の場面における活用〉

●解決方法の検討と計画（第3時）

　「わが家の秋の休日ランチ」の献立を立てる場面において，主菜と副菜は，クラウド上にあらかじめ用意されている料理の一覧の中から選び，ご飯とみそ汁に加えて献立を作成することが考えられる。その際，料理を選ぶと料理の写真と使われている食品も一緒に表示することができるため，栄養のバランスや色どりなどを具体的に検討することができ，献立を工夫する上で効果的である。また，献立の栄養のバランスを確認する場面において，スライドの食品分類表に食品名を入力し，食品を三つのグループに分類する活動が考えられる。よりよい献立にするために児童が食品を入れ替えたり，付け加えたりすることが容易となり，何度も試行錯誤しながら取り組むことができ有効である。

　出来上がった献立は，料理名と写真，使われている食品とその栄養的な特徴が一目で分かり，「わが家の秋の休日ランチ」の献立の発表に活用することができる。

〈その他の場面における活用〉

●実践活動の評価・改善（第4・5時）

　第3時で作成した「わが家の秋の休日ランチ」の献立をグループで発表し合う場面において，デジタル付箋で，献立のよいところやアドバイスなどを伝え合う活動が考えられる。友達の献立を何度も確認し，デジタル付箋の色を変えるなどして活発に意見交流することで，献立について栄養のバランス以外の視点からも考えたり，友達の工夫を参考にしたりして，献立の改善に生かすことができ，効果的である。

ワークシート等の例 ［１人１台端末においても活用可能］

■ワークシート（献立）の一部（本時）

工夫しよう わが家の秋の休日ランチ

めあて 栄養のバランスを考えて、「わが家の秋の休日ランチ」の献立を立てよう

1. 献立を立てよう。
① ごはんとみそ汁に合わせた主菜を決める。
② 主菜に合わせた副菜とみそ汁の実を決める。

2. 栄養のバランスをたしかめよう。
①栄養バランスチェック表に食品を分類しよう。

②栄養のバランスをたしかめて気づいたことを書こう。

3. 気づいたことを生かして、献立の料理や食品を調整しよう。

4. わが家の秋の健康ランチを考える時に、工夫したことはどんなことだろう。

課題を解決するために、わが家の秋の休日ランチの献立として、
主菜を
副菜を　　　　　　　思②
みそ汁の実を　　　　　　　　　　　　　　　　にしました。
なぜなら、

■１人１台端末活用の実際

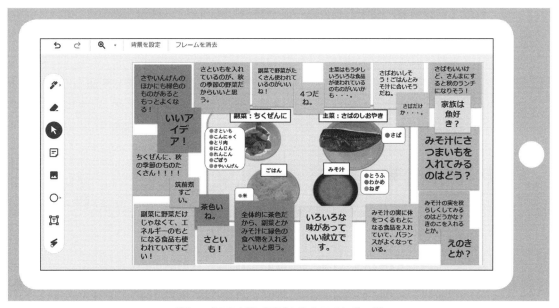

グループでの交流（デジタルホワイトボード）

※デジタル付箋：秋らしさ，栄養のバランス，色どり，好み・味のバランスの視点

（浅川大毅）

8 衣服を長く大切に めざせ　お手入れ名人

B(4)ア(イ)イ　C(2)アイ

1 題材について

　この題材は、「B衣食住の生活」の(4)「衣服の着用と手入れ」のアの(イ)「日常着の手入れ」及びイと、「C消費生活・環境」の(2)「環境に配慮した生活」のア「環境に配慮した物の使い方」及びイとの関連を図っている。「環境を考えた衣服の洗たくの仕方を工夫しよう」という課題を設定し、「健康・快適」や「持続可能な社会の構築」の視点から考え、工夫する活動を通して、ボタンの付け方及び洗濯の仕方、環境に配慮した水や洗剤の使い方に関する知識及び技能を身に付けるとともに、課題を解決する力を養い、自分と家族の衣生活をよりよくしようと工夫する実践的な態度を育成することをねらいとしている。

2 題材の目標

(1)　日常着の手入れが必要であることや、ボタンの付け方及び洗濯の仕方、環境に配慮した無駄のない水や洗剤の使い方について理解するとともに、ボタンの付け方及び洗濯の仕方に係る技能を身に付ける。

(2)　環境に配慮した日常着の洗濯の仕方について問題を見いだして課題を設定し、様々な解決方法を考え、実践を評価・改善し、考えたことを表現するなどして課題を解決する力を身に付ける。

(3)　家族の一員として、生活をよりよくしようと、ボタンの付け方や環境に配慮した日常着の洗濯の仕方について、課題の解決に向けて主体的に取り組んだり、振り返って改善したりして、生活を工夫し、実践しようとする。

3 題材の評価規準

知識・技能	思考・判断・表現	主体的に学習に取り組む態度
・日常着の手入れが必要であることや、ボタンの付け方及び洗濯の仕方を理解しているとともに、適切にできる。 ・環境に配慮した無駄のない水や洗剤の使い方について理解している。	環境に配慮した日常着の洗濯の仕方について問題を見いだして課題を設定し、様々な解決方法を考え、実践を評価・改善し、考えたことを表現するなどして課題を解決する力を身に付けている。	家族の一員として、生活をよりよくしようと、ボタンの付け方や環境に配慮した日常着の洗濯の仕方について、課題の解決に向けて主体的に取り組んだり、振り返って改善したりして、生活を工夫し、実践しようとしている。

4 指導と評価の計画 (全8時間)

〔1〕日常着の手入れの仕方を見直そう ………………………………………… 1時間

〔2〕ステップ1　ボタン付けと洗たくができるようになろう ………………… 3時間

〔3〕ステップ2　環境を考えた衣服の洗たくの仕方を工夫しよう(本時6・7／8)… 4時間

★は指導に生かす評価

〔次〕時	○ねらい ・学習活動　ICTの活用場面	評価の観点			評価規準〈評価方法〉
		知	思	主	
〔1〕 1	○日常の手入れが必要であることを理解するとともに，環境に配慮した日常着の洗濯の仕方について問題を見いだし，課題を設定することができる。 ・ボタンが取れていたり，衣服が汚れていたりする写真や実物から，日常着の手入れの必要性について話し合う。 ・生活排水の資料から洗濯と環境について話し合う。 ・環境に配慮した日常着の洗濯の仕方について問題点を見いだし，課題を設定する。	①	①		〔知〕①日常着の手入れが必要であることを理解している。 〈ワークシート〉〈ペーパーテスト〉 〔思〕①環境に配慮した日常着の洗濯の仕方について問題を見いだして課題を設定している。 〈計画・実習記録表〉
〔2〕 2	○ボタンの付け方について理解し，適切に付けることができる。 ・自分の持ってきた衣服のボタンをとめたり外したりして，ボタンの役割や付け方について気付いたことを発表する。 ・ボタンの付け方の手順について動画で確認し，実践する。 ・ペアで相互評価をする。	②		①	〔知〕②ボタンの付け方を理解しているとともに，適切にできる。 〈行動観察〉 〔主〕①ボタンの付け方や環境に配慮した日常着の洗濯の仕方について，課題の解決に向けて主体的に取り組もうとしている。 〈ポートフォリオ〉〈行動観察〉
3 ・ 4	○手洗いによる洗濯の仕方について理解し，適切に洗濯することができる。 ・日常着の洗濯の手順を確認し，持ってきた靴下の汚れの落とし方を考える。 ・グループごとに，「洗い方」「しぼり方」「すすぎ方」の課題を設定し，ペアで動画を撮影しながら試し洗いを行う。 ・試し洗いの結果をホワイトボード機能を使ってまとめ発表する。 ・洗濯の手順のポイントをまとめる。 ○環境に配慮した無駄のない水や洗剤の使い方について理解することができる。	③ ★ ④ ★			〔知〕③洗濯の仕方を理解しているとともに，適切にできる。 〈ワークシート〉〈行動観察〉 〔知〕④環境に配慮した無駄のない水や洗剤の使い方について理解している。

時	学習活動			評価規準（評価方法）
	・「洗剤の量と汚れの落ち方」，「すすぎ方の違いによる水の使用量」のグラフから，環境を考えた洗濯のポイントをまとめる。			〈ワークシート〉
〔3〕5	○環境に配慮した日常着の洗濯の仕方について実践に向けた計画を考え，工夫することができる。 ・無駄のない水や洗剤の使い方などについて，家庭でインタビューしてきたことを発表する。 ・「洗う」「しぼる」「すすぐ」の手順ごとに，環境を考えた洗濯の仕方を工夫し，自分の衣服の洗濯計画を立てる。 ・グループで計画を発表し合い，修正する。	②	②	〔思〕②環境に配慮した日常着の洗濯の仕方について実践に向けた計画を考え，工夫している。 〈計画・実習記録表〉 〔主〕②ボタンの付け方や環境に配慮した日常着の洗濯の仕方について，課題解決に向けた一連の活動を振り返って改善しようとしている。 〈ポートフォリオ〉〈行動観察〉 〈計画・実習記録表〉
6・7本時	○環境に配慮した日常着の洗濯を実践し，評価したり，改善したりすることができる。 <u>・ペアで洗濯実習の様子を撮影し合いながら，計画に沿って自分の衣服を洗濯する。</u> <u>・写真や動画をもとに実習を振り返り，評価する。</u> ・洗濯の計画を見直し，改善点をまとめる。	③ ④	③	〔知〕③洗濯の仕方を理解しているとともに，適切にできる。 〈行動観察〉〈写真〉 〔知〕④環境に配慮した無駄のない水や洗剤の使い方について理解している。 〈行動観察〉 〔思〕③環境に配慮した日常着の洗濯の仕方について，実践を評価したり，改善したりしている。 〈計画・実習記録表〉
8	○環境に配慮した日常着の洗濯の実践について発表することができる。 ・動画や計画表を用いながら，環境に配慮した洗濯の仕方や改善点についてグループで発表し合う。 ・課題を確認し，家庭で実践したいことや，これからの衣生活で活かしていきたいことを考え，発表する。	④	③	〔思〕④環境に配慮した日常着の洗濯の仕方についての課題解決に向けた一連の活動について，考えたことを分かりやすく表現している。 〈計画・実習記録表〉〈行動観察〉 〔主〕③ボタンの付け方や環境に配慮した日常着の洗濯の仕方について工夫し，実践しようとしている。 〈ポートフォリオ〉〈計画・実習記録表〉

5 本時の展開 （6・7／8時間）

(1)**小題材名** ステップ2　環境を考えた衣服の洗たくの仕方を工夫しよう

(2)**ねらい**　環境に配慮した日常着の洗濯を実践し，評価したり，改善したりすることができる。

⑶学習活動と評価

時間 (分)	学習活動 ICTの活用場面	・指導上の留意点 ■評価規準〈評価方法〉
5	1　本時の学習のめあてを確認する。	
	環境を考えて，自分の衣服を洗濯しよう	
5	2　ペアで洗濯実習の様子を撮影し合いながら， 計画に沿って自分の衣服を洗濯する。	・撮影のポイントを確認する。 ・洗濯の前後の写真を撮り，衣服の汚れが落ちているかを把握できるようにする。
50	【洗濯の手順】 ・洗　う…「水の量」「洗剤の量」「汚れに応じた洗い方」 ・しぼる…「しぼり方」 ・すすぐ…「水の量」「回数」「すすぎ方」 ・干　す…「衣服に合った干し方」「道具の使い方」「乾きやすい干し方」	■知識・技能③，④ 〈行動観察〉〈写真〉
10	3　写真や動画をもとに実習を振り返り，評価する。 【振り返りの視点】 ・計画どおりに実践できたか。 ・環境を考えて，洗濯することができたか。 ・汚れの落とし方は効果的だったか。	・洗濯前後の写真を比較したり，動画を見たりしながら，実習を振り返るよう助言する。 ・視点に沿ってペアで相互評価し，評価した理由とともに伝え合うようにする。 ・評価をもとに，洗濯の手順，汚れの落とし方や環境を考えた洗濯の仕方で改善するとよい点などについて各自で考えるよう助言する。
15	4　洗濯の計画を見直し，改善点をまとめる。	■思考・判断・表現③ 〈計画・実習記録表〉
5	5　本時の学習を振り返り，次時の活動を確認する。	・次時は，環境に配慮した洗濯の仕方や改善点についてグループで発表し合うことを確認する。

⑷学習評価のポイント

　本時の「知識・技能」の評価規準③，④については，行動観察（動画）および写真から評価する。評価規準③については，洗濯の手順に沿って理解している場合を，評価規準④については，環境に配慮して水や洗剤の無駄のない使い方について理解している場合を「おおむね満足できる」状況（B）と判断した。いずれも記録に残す評価としている。

　「思考・判断・表現」の評価規準③については，自分の衣服の洗濯を振り返って，評価，改善する場面において，計画・実践記録表の記述内容から評価する。「健康・快適」及び「持続可能な社会の構築」等の視点から，洗濯の手順，汚れの落とし方や環境に配慮した洗濯の仕方について，実践を適切に評価するとともに，具体的な改善策を記述している場合を「おおむね満足できる」状況（B）と判断した。その際，「努力を要する」状況（C）と判断される児童に対しては，実習の様子を動画で振り返りながら，「洗う」「しぼる」「すすぐ」等の手順のどこをどのように改善するとよいか，3・4時間目の学習をもとに考えるよう助言する。また，洗濯の手順，汚れの落とし方や環境への配慮を結び付けて考え，その理由を明確にして改善策を記述している場合を「十分満足できる」状況（A）と判断した。

6 主体的・対話的で深い学びを実現する学習指導〈ICT 活用〉の工夫

主 題材を通して，1人1台端末を活用し，ステップ1，ステップ2の計画や実践を蓄積することにより，課題の解決に向けて取り組んできたことを振り返って新たな課題を見付け，主体的に学習に取り組めるようにする。

対 洗濯実習の評価・改善や実践発表の場面で，1人1台端末を活用し，実習の様子の動画や写真を見せながら相互評価したり，クラウドの共有フォルダに保存した動画や計画表を用いて発表したりすることにより，互いの考えを深めることができるようにする。

深 靴下の洗濯で学んだことをもとに，自分の衣服を洗濯する計画を考え，工夫する一連の学習活動の中で，「健康・快適」や「持続可能な社会の構築」の見方・考え方を働かせながら，より効果的な日常着の洗濯の仕方や環境に配慮した洗濯の工夫を考え，課題の解決に向けて，自分なりに考え，表現することができるようにする。

ICT（1人1台端末）の主な活用場面と活用のポイント

〈本時の場面における活用〉

●課題解決に向けた実践活動（第6時）

　自分の衣服を洗濯する場面において，手洗いできれいにしたいと思っている箇所に○をつけて衣服の写真をペアで共有し，確認する活動が考えられる。また，実習後に洗濯前の写真と比べて，汚れの落ち方，色の変化などを確認する活動が考えられる。写真は，拡大することができるため，汚れの状態や落ち方がよく分かり，知識・技能の習得や評価をする上で効果的である。

●実践活動の評価・改善（第7時）

　自分の衣服の洗濯について振り返る場面において，第6時で撮影した洗濯実習の動画を用いて評価したり，改善点を考えたりする活動が考えられる。動画は，確認したい場面だけを取り出したり，繰り返し視聴したりできるよさがある。「汚れを効果的に落とす洗濯の仕方」や「環境を考えた洗濯の仕方」などの視点に沿って動画を視聴することは，自分の洗濯の仕方の改善点を考える上で効果的である。

〈その他の場面における活用〉

●解決方法の検討と計画（第3・4時）

　手洗いによる洗濯の仕方について理解する場面において，靴下の試し洗いの結果を踏まえ，手順ごとに洗濯のポイントをデジタル付箋に書いて整理する活動が考えられる。「洗う」，「しぼる」，「すすぐ」などの手順ごとに意見を整理し，他のグループの考えと比較してまとめることにより，洗濯の仕方について理解することができる。

（吉田みゆき）

ワークシート等の例 ［1人1台端末においても活用可能］

■計画・実習記録表の一部（本時）

計画・実践記録表　　　6年　組　　番 名前 ＿＿＿＿＿＿

> ステップ2 環境のことを考えて、衣服の洗たくの仕方を工夫しよう

① 自分の衣服の洗たく計画を立てよう

＜洗たくするもの＞	＜この衣服を洗たく（手洗い）してみようと思った理由＞	【洗たく物の重さ】（　　　）g 【 水 の 量 】（　　　）mL 【 洗 剤 の 量 】（　　　）g	＜必要な用具＞

手　順	・ポイント、気を付けること、工夫することなど	★　改善策とその理由
1 準備		（どこをどのように改善するか） 思③
2 洗う		
3 しぼる		
4 すすぐ・しぼる		
5 干す		

② 実せんをふり返り、評価・改善しよう
①動画や写真を見て実せんをふり返り、評価しよう

評価すること	評価（◎：よくできた、　○：だいたいできた　△：あまりできなかった）と　その理由
（1）計画どおりに実せんできたか。	◎ ・ ○ ・ △
（2）環境のことを考えて洗たくすることが 　　できたか。	◎ ・ ○ ・ △
（3）よごれの落とし方は効果的だったか 。	◎ ・ ○ ・ △

②改善するとよい点などについて話し合い、計画を改善しよう（★）

■1人1台端末活用の実際

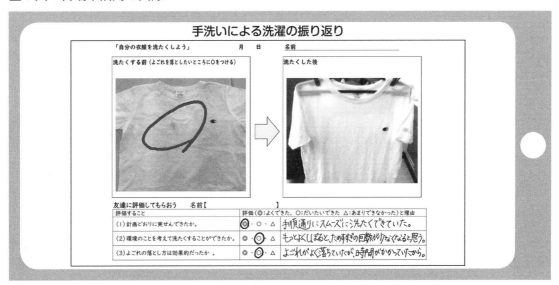

B 衣食住の生活

9 手ぬいで作ろう　マイ宿泊学習グッズ

B(4)ア(イ), (5)ア(ア)(イ)イ

1 題材について

　この題材は，「B衣食住の生活」の(4)「衣服の着用と手入れ」の(イ)「ボタン付け」及び(5)「生活を豊かにするための布を用いた製作」のアの(ア)「製作に必要な材料や手順，製作計画」(イ)「手縫いによる縫い方，用具の安全な取扱い」及びイとの関連を図っている。また，学校行事と関連を図り，集団宿泊活動に向けて「マイ宿泊学習グッズを作ろう」という課題を設定し，「安全」や「生活文化」の視点から考え，工夫する活動を通して，手縫いによる目的に応じた縫い方及び用具の安全な取扱いに関する知識及び技能を身に付けるとともに，課題を解決する力を養い，衣生活をよりよくしようと工夫する実践的な態度を育成することをねらいとしている。

2 題材の目標

(1)　製作に必要な材料や手順が分かり，手縫いによる目的に応じた縫い方やボタンの付け方及び用具の安全な取扱いを理解するとともに，それらに係る技能を身に付ける。

(2)　「マイ宿泊学習グッズ」についての問題を見出して課題を設定し，様々な解決方法を考え，実践を評価・改善し，考えたことを表現するなどして課題を解決する力を身に付ける。

(3)　家族の一員として，生活をよりよくしようと，「マイ宿泊学習グッズ」の製作について，課題の解決に向けて主体的に取り組んだり，振り返って改善したりして，生活を工夫し，実践しようとする。

3 題材の評価規準

知識・技能	思考・判断・表現	主体的に学習に取り組む態度
・製作に必要な材料や手順が分かり，製作計画について理解している。 ・手縫いによる目的に応じた縫い方やボタンの付け方及び用具の安全な取扱いについて理解しているとともに，適切にできる。	「マイ宿泊学習グッズ」の製作計画及び製作について問題を見いだして課題を設定し，様々な解決方法を考え，実践を評価・改善し，考えたことを表現するなどして課題を解決する力を身に付けている。	家族の一員として，生活をよりよくしようと，「マイ宿泊学習グッズ」の製作計画及び製作について，課題の解決の向けて主体的に取り組んだり，振り返って改善したりして，生活を工夫し，実践をしようとしている。

4 指導と評価の計画（全9時間）

〔1〕「マイ宿泊学習グッズ」自分で作って　楽しく参加………………………………1時間
〔2〕作ろう「マイ宿泊学習グッズ」ネームプレート ………………………………3時間
〔3〕作ろう「マイ宿泊学習グッズ」ペンケース・小物入れ（本時5／9）…………5時間

★は指導に生かす評価

〔次〕時	○ねらい ・学習活動　ICTの活用場面	評価の観点			評価規準〈評価方法〉
		知	思	主	
〔1〕 1	○便利で活動を楽しくする「宿泊学習グッズ」について考え，課題を設定することができる。 ・宿泊学習で必要なものについて話し合い，学習の見通しをもつ ・「マイ宿泊学習グッズ」を作る目的や使う場面を明確にし，問題を見いだして課題を設定する。 ・・似たようなバッグを持っていて間違える。 ・小物が取り出しにくい。 ・普段使っているような大きな筆箱は必要ない。		①		〔思〕①「マイ宿泊学習グッズ」の製作計画及び製作について問題を見いだして課題を設定している。 〈ワークシート〉
〔2〕 2 ・ 3 ・ 4	○「マイ宿泊学習グッズ」（ネームプレート）を手縫いやボタン付けを用い，用具を安全に取扱って作ることができる。 ・作品を見ながら布を縫うことのよさについて話し合い，様々な縫い方があることを確認する。 ・裁縫用具について調べ，針やはさみの安全な使い方について確認する。 ・見本を観察したり，縫い方の動画を確認したりしてネームプレートを製作する。 ・玉結び，玉どめの役割を話し合い，手順を動画で確認する。 ・名前の縫い取りを行う。 ・なみ縫い，返し縫い，かがり縫いの特徴を話し合い，手順を動画で確認し，これらの縫い方を用いて縫う。 ・ボタンの役割を話し合い，手順を動画で確認し，ボタンを付ける。	① ★ ② ★		①	〔知〕①手縫いによる目的に応じた縫い方やボタンの付け方について理解しているとともに，適切にできる。 〈行動観察〉〈製作品〉 〔知〕②針類やはさみ類などの裁縫用具の安全な取扱いについて理解しているとともに，適切にできる。 〈行動観察〉 〔主〕①「マイ宿泊学習グッズ」の製作計画及び製作について，課題の解決に向けて主体的に取り組もうとしている。 〈ワークシート〉〈行動観察〉

時	〇ねらい・学習活動	知	思	主	評価規準〈評価方法〉
〔3〕 5 本時	〇「マイ宿泊学習グッズ」の製作計画を考え，工夫することができる。 ・作品例の写真を見て，二つのコース（ペンケース，小物入れ）から自分の作りたいものを選択し，製作の手順を調べる。 ・「マイ宿泊学習グッズ」の製作に使う材料や縫い方を考え，計画を立てる。 ・同じコースのグループで製作計画を交流し，見直す。		②		〔思〕②「マイ宿泊学習グッズ」の製作計画及び製作について考え，工夫している。 〈製作計画・実習記録表〉〈行動観察〉
6 ・ 7 ・ 8	〇手縫いによるボタン付けを用い，用具を安全に取扱って「マイ宿泊学習グッズ」を作ることができる。 ・縫い方の見本や動画を見ながら計画に沿って製作する。 　・ペンケース 　・小物入れ ・毎時間，製作を振り返り，実習記録表に記入する。	① ②		 ②	〔知〕①手縫いによる目的に応じた縫い方やボタンの付け方について理解しているとともに，適切にできる。 〈行動観察〉〈製作品〉 〔知〕②針類やはさみ類などの裁縫用具の安全な取扱いについて理解しているとともに，適切にできる。 〈行動観察〉 〔主〕②「マイ宿泊学習グッズ」の製作計画及び製作について，課題解決に向けた一連の活動を振り返って改善しようとしている。 〈製作計画・実習記録表〉〈行動観察〉
9	〇「マイ宿泊学習グッズ」の製作計画や製作について振り返り，評価・改善し，発表することができる。 ・製作計画及び製作について振り返り，自己評価を行う。 ・「マイ宿泊学習グッズ」の製作計画や製作について発表する。 ・同じコースの友達，違うコースの友達と相互評価を行う。 ・改善点を記入し，次の作品に生かしたいことをまとめる。 ・題材を振り返って学習のまとめをする。		③ ④	 ③	〔思〕③「マイ宿泊学習グッズ」の製作計画及び製作について実践を評価したり，改善したりしている。 〈製作計画・実習記録表〉 〔思〕④「マイ宿泊学習グッズ」製作についての課題解決に向けた一連の活動について，考えたことを分かりやすく表現している。 〈ワークシート〉〈行動観察〉 〔主〕③「マイ宿泊学習グッズ」の製作計画及び製作について工夫し，実践しようとしている。 〈ワークシート〉〈行動観察〉

5 本時の展開 （5／9時間）

(1)**小題材名**　作ろう「マイ宿泊学習グッズ」ペンケース・小物入れ

(2)**ねらい**　「マイ宿泊学習グッズ」の制作計画を考え，工夫することができる。

⑶学習活動と評価

時間(分)	学習活動 ICT の活用場面	・指導上の留意点 ■評価規準〈評価方法〉
5	1 本時の学習のめあてを確認する。	・昨年度の作品などの実物や画像を提示し，小物づくりをするという目的意識をもたせる。 ・作品例の縫い方を確認しながら，できるようになった縫い方が組み合わされてできていることに気付かせる。
	できるようになった縫い方で「マイ宿泊学習グッズ」を作ろう	
5	2 作品例の写真を見て二つのコース（ペンケース，小物入れ）から自分の作りたいものを選択し，製作の手順を調べる。	・製作の見通しをもたせるために，大まかな製作手順を提示する。
20	3 「マイ宿泊学習グッズ」の製作に使う材料や縫い方を考え，計画を立てる 【製作計画・実習記録表に記入すること】 ・出来上がり図 ・必要な材料 ・縫う場所や縫い方 ・製作手順	・過去の作品例や作り方の写真や図を児童自身が確認できるよう事前準備をしておく。 ・出来上がり図をもとに，縫う場所や縫い方，縫う手順を考えさせる。 ・理由を明確にしながら製作計画・実習記録表に記入するよう助言をする。
10	4 同じコースのグループで製作計画を交流し，見直す。	・交流の際は，選んだ縫い方などの理由も明確にさせるよう助言する。 ■思考・判断・表現② 〈製作計画・実習記録表〉〈行動観察〉
5	5 本時のまとめをする。	・目的を明確にしながら縫い方を選んで計画を立てたことを称賛し，次時への意欲を高める。

⑷学習評価のポイント

　本時の「思考・判断・表現」の評価規準②については，「マイ宿泊学習グッズ」の製作計画を考える場面で，製作計画・実習記録表の記述内容と行動観察から評価する。2～4時の学習で習得した手縫いやボタン付けなどに関する知識や技能を活用し，宿泊学習をより便利に，楽しくするために①必要な材料②製作品の目的に応じた縫い方③製作手順とその根拠を明確にして記述している場合を，「おおむね満足できる」状況（B）と判断した。その際，「努力を要する」状況（C）と判断される児童に対しては，クラウドやサーバ等の共有フォルダに保存しておいた過去の作品から作りたいものを想起させたり，作り方の画像等で大まかな手順を確認させたり，2～4時間目に学んだ縫い方を振り返り，手縫いの特徴を確認したりしながら，計画に生かすよう助言をする。また，宿泊学習参加への意欲を高めるような出来上がりの形や材料，色の工夫も考え，その理由とともに計画に記述している場合を，「十分に満足できる」状況（A）と判断した。

6 主体的・対話的で深い学びを実現する学習指導〈ICT活用〉の工夫

[主]「マイ宿泊学習グッズ」の製作の場面で，1人1台端末を活用し，各自が確認したい縫い方を動画で視聴することにより，手縫いによる様々な縫い方及びボタン付けの知識及び技能の習得に向けて主体的に学習に取り組めるようにする。

[対]「マイ宿泊学習グッズ」の製作計画を立てる場面で，1人1台端末を活用し，話し合う活動で選んだ色や縫い方について紹介し，アドバイスし合うことにより，「目的に応じた縫い方」について互いの考えを深めることができるようにする。

[深]自分たちが見つけた「手縫いのよさ」をもとに，「マイ宿泊学習グッズ」の製作をする一連の学習過程の中で，「安全」や「生活文化」などの見方・考え方を働かせながら，課題の解決に向けて自分なりに考え，実践することができるようにする。

ICT（1人1台端末）の主な活用場面と活用のポイント

〈本時の場面における活用〉
●解決方法の検討と計画（第5時）

「マイ宿泊学習グッズ」の製作計画を立てる場面において，事前にクラウドやサーバ等の共有フォルダに保存しておいた過去の作品や作り方の詳細な写真や動画を視聴し，いくつかの例から製作したいものを選択したり，計画を立案したりする活動が考えられる。1人1台端末から共有フォルダにアクセスすることで，児童一人一人が作りたいものについての情報を得ることができるよさがある。また，端末の描画機能（ペイントソフトでもよい）を活用することで，児童が使用する布や糸の色の組み合わせ方や，形などのデザインをいろいろと試すことができる。さらに，あらかじめ用意しておいたデジタル付箋の並び替えによって，製作計画の立案や，修正が容易にできることで，思考する時間の確保においても効果的である。

〈その他の場面における活用〉
●解決方法の検討と計画（第3・4時）

「マイ宿泊学習グッズ」ネームプレートを製作する場面において，クラウドやサーバ等の教共有フォルダに保存した動画を視聴し，確認しながら練習することにより，手縫いやボタン付けに関する知識及び技能の習得につなげることができる。

●実践活動の評価・改善（第9時）

「マイ宿泊学習グッズ」の実践の評価・改善をする場面において，製作品や生活の中で使っている様子をカメラ機能や簡単なプレゼンテーション機能を用いて作成した資料をグループや全体で発表し合う活動が考えられる。友達の作品のよさについてコメント機能を用いて評価し合うことにより，できるようになったことを実感したり，製作意欲を高めたりすることにもつながり効果的である。

ワークシート等の例 ［1人1台端末においても活用可能］

■製作計画・実習記録表の一部（本時）

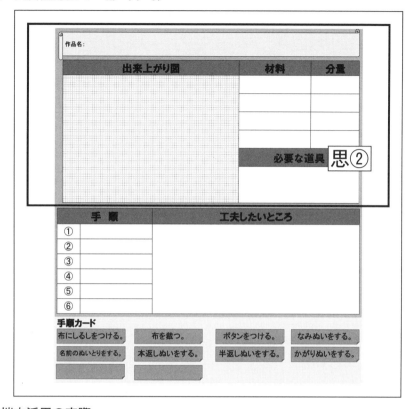

■1人1台端末活用の実際

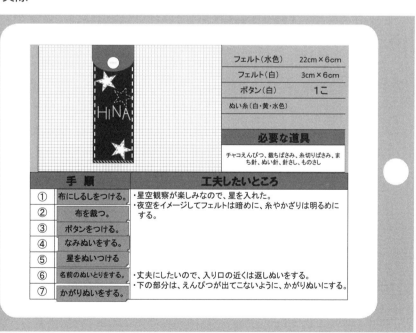

B　衣食住の生活

10 生活を豊かに
～世界に一つ　メモリーバッグ～

B(5)ア(ア)(イ)イ

1 題材について

　この題材は，「B衣食住の生活」の(5)「生活を豊かにするための布を用いた製作」のアの(ア)「製作に必要な材料や手順，製作計画」(イ)「手縫いによる縫い方，用具の安全な取扱い」及びイとの関連を図っている。修学旅行やいろいろな生活場面で活用し，楽しい思い出をたくさん詰め込みたいという願いを込めて，「世界に一つの『メモリーバッグ』を作ろう」という課題を設定し，「安全」や「生活文化」の視点から考え，工夫する活動を通して，生活を豊かにするための布を用いた製作に関する知識及び技能を身に付けるとともに，課題を解決する力を養い，衣生活をよりよくしようとする実践的な態度を育成することをねらいとしている。

2 題材の目標

(1)　製作に必要な材料や手順，製作計画，ミシン縫いによる目的に応じた縫い方及び用具の安全な取扱いについて理解しているとともに，それらに係る技能を身に付ける。

(2)　「メモリーバッグ」の製作計画及び製作について問題を見いだして課題を設定し，様々な解決方法を考え，実践を評価・改善し，考えたことを表現するなどして課題を解決する力を身に付ける。

(3)　家族の一員として，生活をよりよくしようと，「メモリーバッグ」の製作計画及び製作について，課題の解決に向けて主体的に取り組んだり，振り返って改善したりして，生活を工夫し，実践しようとする。

3 題材の評価規準

知識・技能	思考・判断・表現	主体的に学習に取り組む態度
・製作に必要な材料や手順が分かり，製作計画について理解している。 ・ミシン縫いによる目的に応じた縫い方及び用具の安全な取扱いについて理解しているとともに，適切にできる。	「メモリーバッグ」の製作計画及び製作について問題を見いだして課題を設定し，様々な解決方法を考え，実践を評価・改善し，考えたことを表現するなどして課題を解決する力を身に付けている。	家族の一員として，生活をよりよくしようと，「メモリーバッグ」の製作計画及び製作について，課題の解決に向けて主体的に取り組んだり，振り返って改善したりして，生活を工夫し，実践しようとしている。

4 指導と評価の計画 (全10時間)

〔1〕自分の作りたいメモリーバッグを考えよう ……………………………………… 1時間
〔2〕「メモリーバッグ」の製作計画を工夫しよう（本時 3／10）…………………… 2時間
〔3〕世界に一つの「メモリーバッグ」を作ろう …………………………………… 6時間
〔4〕「メモリーバッグ」の製作を振り返ろう……………………………………… 1時間

〔次〕時	○ねらい ・学習活動　ICT の活用場面	評価の観点			評価規準〈評価方法〉
		知	思	主	
〔1〕 1	○目的に合った袋などを製作するために必要な材料や手順，縫い方などを考え，課題を設定することができる。 ・身の回りにある袋の実物や，<u>1人1台端末で，提示された写真のデータを基に形や大きさなどを観察し，どのような袋が使いやすいか，丈夫で長く使えるか</u>などについて話し合う。 ・メモリーバッグ（ナップザック）を作る目的や使う場面を明確にし，課題を設定する。		①		〔思〕①「メモリーバッグ」の製作計画及び製作について問題を見いだして課題を設定している。 〈ワークシート〉
〔2〕 2	○「メモリーバッグ」に必要な材料や製作手順が分かり，製作計画について理解することができる。 ・実物見本や段階見本などを観察したり，<u>共有フォルダに保存してある資料やデジタル教科書を活用</u>したりして，製作計画に必要なポイントを確認する。 【袋の製作計画に必要なポイント】 ・製作する物の目的に合った形・大きさ（「縫いしろ」「ゆとり」） ・材料（縫いやすいなどの扱いやすさ，丈夫さ，洗濯のしやすさなど） ・製作手順（計画，準備，製作，仕上げ）	①		①	〔知〕①製作に必要な材料や手順が分かり，製作計画について理解している。 〈ワークシート〉 〔主〕①「メモリーバッグ」の製作計画及び製作について，課題の解決に向けて主体的に取り組もうとしている。 〈ワークシート〉〈行動観察〉
3 本時	○「メモリーバッグ」の製作計画を考え，工夫することができる。 ・ポケットやマチなどの工夫を調べる。 ・<u>縫い方の失敗例の写真を見て，気付いたことを発表し合う。</u> ・「メモリーバッグ」の製作計画を立てる。 ・課題別（ポケット・マチなど）グループで発表し合う。 ・製作計画を見直す。		②		〔思〕②「メモリーバッグ」の製作計画及び製作について考え，工夫している。 〈製作計画・実習記録表〉

	学習活動			評価規準〈評価方法〉
〔3〕 4 ・ 5 ・ 6 ・ 7 ・ 8 ・ 9	○製作計画に沿ってミシンを安全に扱い，「メモリーバッグ」を製作することができる。 ・用具の配置や安全な取扱いについて確認する。 ・各自が実物見本や段階見本，ヒントカード，デジタル教科書やミシン操作の動画等を活用し，計画に沿って製作する。 ・毎時間製作について振り返り，自己評価，相互評価を行う。	②	②	〔知〕②ミシン縫いによる目的に応じた縫い方及び用具の安全な取扱いについて理解しているとともに，適切にできる。 〈行動観察〉〈製作品〉 〔主〕②「メモリーバッグ」の製作計画及び製作について，課題解決に向けた一連の活動を振り返って改善しようとしている。 〈行動観察〉〈製作計画・実習記録表〉
〔4〕 10	○「メモリーバッグ」の製作について振り返り，評価・改善することができる。 ・製作計画と製作品を紹介し合う。 ・「メモリーバッグ」を活用してよかったことや，さらに工夫したいことなどを振り返り，改善計画を立てる。 ・改善計画をグループで発表し合い，互いにアドバイスをする。	③ ④ ③		〔思〕③「メモリーバッグ」の製作計画及び製作について，実践を評価したり，改善したりしている。 〈製作計画・実習記録表〉 〔思〕④「メモリーバッグ」の製作計画及び製作についての課題解決に向けた一連の活動について，考えたことを分かりやすく表現している。 〈行動観察〉 〔主〕③「メモリーバッグ」の製作計画及び製作について工夫し，実践しようとしている。 〈製作計画・実習記録表〉

5 本時の展開 （3／10時間）

(1)**小題材名** 「メモリーバッグ」の製作計画を工夫しよう

(2)**ねらい** 「メモリーバッグ」の製作計画を考え，工夫することができる。

(3)**学習活動と評価**

時間 （分）	学習活動 ICTの活用場面	・指導上の留意点 ■評価規準〈評価方法〉
5	1　本時の学習のめあてを確認する。	・ナップザックの製作に共通の手順を確認する。 ・目的を明確にして製作することを確認する。
	「メモリーバッグ」の製作計画を工夫しよう	
20	2　自分の入れたい物や使いやすさを考えて「メモリーバッグ」の製作計画を立てる。 ・ポケットやマチなどの工夫について，実物見本で調べる。	・実物を提示し，マチを付けることで立体的に仕上がることなどに気付くようにする。

		・1人1台端末に配布された縫い方の失敗例の写真を見て，気付いたことを発表し合い，計画に生かす。 ・イメージ図，必要な材料・用具，製作手順などを製作計画表に記入する。	・気付きをデジタル付箋に入力して添付し，意見交流できるようにする。 ・1人1台端末に実物の写真や段階見本等を保存し，確認できるようにする。

> 【製作計画例】
> ・入れる物　　　シューズと小銭入れ
> ・材料　　　布の大きさ
> ・用具
> ・製作手順
> 　①布にしるしを付ける。
> 　　（ポケットを付ける。）
> 　②平ひもをはさみ，わきをぬう。
> 　③出し入れ口をぬう。
> 　④ひもを通す

10	3	製作計画を課題別（ポケット・マチなど）グループで発表し合う。	・手順の根拠を明確にして発表するよう助言する。
5	4	製作計画を見直す。	・グループで話し合ったことを全体で共有し，考えを深めることができるようにする。 ■**思考・判断・表現②** 〈製作計画・実習記録表〉
5	本時を振り返り，次時の活動を確認する。		

⑷学習評価のポイント

　本時の「思考・判断・表現」の評価規準②については，「メモリーバッグ」の製作計画を工夫する場面において，製作計画・実習記録表の記述内容から評価する。

　その際，入れる物や使いやすさを考えてポケットやマチを付けたり，製作手順を考えたりして製作計画を適切に立てている場合を，「おおむね満足できる」状況（B）と判断した。「努力を要する」状況（C）と判断される児童に対しては，入れたい物を確認し，使いやすさを考えたり，一緒に段階見本や実物見本を観察したりして，手順を確認し，製作計画を立てることができるよう，個別に指導する。

　また，ポケットの大きさや付ける位置，マチの付け方などを工夫し，製作手順を考えて製作計画を適切に立てている場合を「十分満足できる」状況（A）と判断した。

6 主体的・対話的で深い学びを実現する学習指導〈ICT活用〉の工夫

主 メモリーバッグを製作する場面で，1人1台端末を活用し，児童が繰り返し確認することによりミシンの操作や手順の見通しをもって主体的に学習できるようにする。

対 製作計画や実践報告の場面で，1人1台端末を活用し，工夫や改善点を伝え合う活動を充実することにより，互いの考えを深めることができるようにする。

深 布を用いた物の製作計画を考え，製作を工夫する一連の学習過程の中で，「安全」や「生活文化」などの見方・考え方を働かせながら，課題の解決に向けて自分なりに考え，表現することができるようにする。

ICT（1人1台端末）の主な活用場面と活用のポイント

〈本時の場面における活用〉

●解決方法の検討と計画（第3時）

メモリーバッグの製作計画で，ポケット付けなどの手順を考える場面において，失敗例の写真から気付いたことをデジタル付箋に記入し，グループで意見交流する活動が考えられる。その際，デジタル付箋は，色を自由に変えることができるため，個別に色分けしたり，問題点と改善点で色分けしたりできるよさがあり，手順を理解する上で効果的である。また，全体の話し合いの際，大画面でグループごとの意見を比較検討する際にも効果的である。

〈その他の場面における活用〉

●生活の課題発見（第1時）

「メモリーバッグ」の課題を設定する場面において，写真の提示は，袋の形や大きさなどについて何が課題なのか問題を見いだし課題を設定することにつながり効果的である。

●課題解決に向けた実践活動（第4～9時）

ミシン縫いで「メモリーバック」を製作する場面において，児童の実態に応じて，手順を写真や動画で確認しながら作業する活動が考えられる。製作の中でつまずいた時やミシン操作の細かな動きを確認したいときに，児童一人一人が繰り返し確認することができるため，技能を習得する上で効果的である。

●実践活動の評価・改善（第10時）

「メモリーバック」の製作発表会の場面において，学校や家庭で活用している様子をカメラ機能や簡単なプレゼンテーション機能を活用して資料を作成し，クループや全体で発表する活動が考えられる。その際，製作や活用の様子を撮影することは，成果を具体的に説明・報告する上で効果的である。

ワークシート等の例［1人1台端末においても活用可能］

■製作計画・実習記録表の一部（本時）

生活を豊かに　～世界に一つ！メモリーバッグ～

6年　　組（　　　　　　　）

☆自分の作りたい物【第1時に記入したものをコピーして貼る】

めあて

いつ使うか。（修学旅行後）	【イメージ図】
何を入れるか。	
工夫するところはどこか。	

1．失敗例の問題点を見つけ，自分の製作に生かすポイントを考えましょう。

問題点	自分の製作に生かすポイント

2．製作計画を考えましょう。

基本の手順	自分のメモリーバッグの製作に必要な手順の工夫
①布にしるしをつける	
②平ひもをはさみ，わきをぬう	
③出し入れ口をぬう	思②
④ひもを通す	

振り返り

■1人1台端末活用の実際

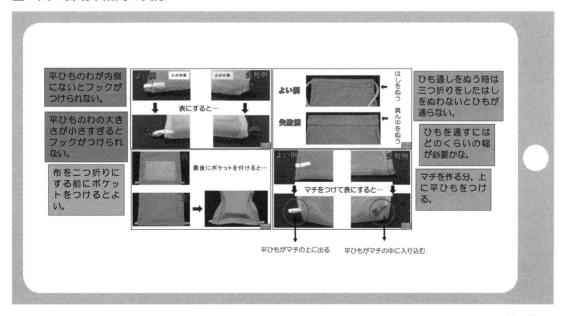

平ひものわが内側にないとフックがつけられない。

平ひものわの大きさが小さすぎるとフックがつけられない。

布を二つ折りにする前にポケットをつけるとよい。

よい側　わが内側　　わが外側　失敗例

表にすると…

最後にポケットを付けると…

よい側　　　　　　　　　はしをぬう　失敗側

よい側　　　真ん中をぬう

失敗側

よい側　　　　　　　　失敗例

マチをつけて表にすると…

平ひもがマチの上に出る　　平ひもがマチの中に入り込む

ひも通しをぬう時は三つ折りをしたはしをぬわないとひもが通らない。

ひもを通すにはどのくらいの幅が必要かな。

マチを作る分，上に平ひもをつける。

（小杉優奈）

B　衣食住の生活

11 まかせて整理・整とん
〜いつもすっきりプロジェクト〜

B(6)ア(イ)イ　C(2)ア

1 題材について

　この題材は，「B衣食住の生活」の(6)「快適な住まい方」のアの(イ)「住まいの整理・整頓の仕方」及びイと「C消費生活・環境」の(2)「環境に配慮した生活」のア「環境に配慮した物の使い方」との関連を図っている。自分の身の回りを見つめ，「気持ちよく安全に生活できるように，身の回りの整理・整頓をしよう」という課題を設定し，「快適・安全」や「持続可能な社会の構築」の視点で考え，工夫する活動を通して，整理・整頓の仕方，環境に配慮した物の使い方に関する知識及び技能を身に付けるとともに，課題を解決する力を養い，住生活をよりよくしようと工夫する実践的な態度を育成することをねらいとしている。

2 題材の目標

(1)　住まいの整理・整頓の仕方や環境に配慮した物の使い方について理解するとともに，それらに係る技能を身に付ける。

(2)　住まいの整理・整頓の仕方について問題を見いだして課題を設定し，様々な解決方法を考え，実践を評価・改善し，考えたことを表現するなどして課題を解決する力を身に付ける。

(3)　家族の一員として，生活をよりよくしようと，住まいの整理・整頓の仕方について，課題の解決に向けて主体的に取り組んだり，振り返って改善したりして，生活を工夫し，実践しようとする。

3 題材の評価規準

知識・技能	思考・判断・表現	主体的に学習に取り組む態度
・住まいの整理・整頓の仕方を理解しているとともに，適切にできる。 ・環境に配慮した物の使い方などについて理解している。	住まいの整理・整頓の仕方について問題を見いだして課題を設定し，様々な解決方法を考え，実践を評価・改善し，考えたことを表現するなどして課題を解決する力を身に付けている。	家族の一員として，生活をよりよくしようと，住まいの整理・整頓の仕方について，課題の解決に向けて主体的に取り組んだり，振り返って改善したりして，生活を工夫し，実践しようとしている。

4 指導と評価の計画 （全7時間）

〔1〕身の回りを見つめよう ……………………………………………………… 1時間

〔2〕整理・整頓の「こつ」を見付けよう ……………………………………… 1時間

〔3〕「いつもすっきりプロジェクト」を実践しよう（本時5／7）……………… 5時間

★は指導に生かす評価

〔次〕時	○ねらい・学習活動　ICTの活用場面	評価の観点 知	思	主	評価規準〈評価方法〉
〔1〕1	○自分の身の回りを見つめて問題を見いだし，整理・整頓の課題を設定することができる。 ・<u>校内や事例の家庭の写真を見て，整理・整頓についての問題点について話し合う。</u> ・住まいの整理・整頓の仕方について問題を見いだして課題を設定する。		①		〔思〕①住まいの整理・整頓の仕方について問題を見いだして課題を設定している。 〈ワークシート〉
〔2〕2	○住まいの整理・整頓の仕方を理解し，教室の机の引き出しを整理・整頓することができる。 ・家庭で調べてきた整理・整頓の「こつ」を発表し合う。 ・「こつ」を生かして，机の引き出しを整理・整頓する。 ・<u>整理・整頓の仕方についてペアで交流し，全体で整理・整頓の「こつ」をまとめる。</u>	①★		①	〔知〕①住まいの整理・整頓の仕方を理解しているとともに，適切にできる。 〈ワークシート〉〈行動観察〉 〔主〕①住まいの整理・整頓の仕方について，課題の解決に向けて主体的に取り組もうとしている。 〈振り返りカード〉〈行動観察〉
〔3〕3	○「校内いつもすっきりプロジェクト」の計画を考え，工夫することができる。 ・グループの担当場所（家庭科室，図書室，図工室等）の中で，各自が整理・整頓する場所を決める。 ・分担場所を整理・整頓するための計画を立てる。 ・グループ内で計画を交流したり，オンラインで「片付け名人」（保護者ボランティア）にインタビューをしたりして，計画を見直す。		②★	②	〔思〕②住まいの整理・整頓の仕方について実践に向けた計画を考え，工夫している。 〈「校内いつもすっきりプロジェクト」計画・実習記録表〉 〔主〕②住まいの整理・整頓の仕方について，課題解決に向けた一連の活動を振り返って改善しようとしている。 〈振り返りカード〉〈行動観察〉
4	○計画に基づいて，校内の各場所を整理・整頓することができる。 ・グループでそれぞれの場所を整理・整頓する。（校内実践） ・整理・整頓前後の写真や動画を撮る。	①			〔知〕①住まいの整理・整頓の仕方を理解しているとともに，適切にできる。 〈実践前後の写真〉〈行動観察〉

時	学習活動			評価規準（評価方法）
5 本時	○「校内いつもすっきりプロジェクト」の実践について発表し合い，評価したり，改善したりすることができる。 ・各自の実践についてスライドを用いて，グループ内で発表する。 ・グループでの実践について全体で発表し合い，交流する。 ・友達のアドバイスや他のグループの発表を参考にして，校内実践での各自の計画を改善する。		④ ③	〔思〕④住まいの整理・整頓の仕方についての課題解決に向けた一連の活動について，考えたことを分かりやすく表現している。 〈スライド〉〈行動観察〉 〔思〕③住まいの整理・整頓の仕方について，実践を評価したり，改善したりしている。 〈「校内いつもすっきりプロジェクト」計画・実習記録表〉
6	○生活の中で多くの物を使っていることに気付き，環境に配慮した物の使い方について理解することができる。 ・校内の整理・整頓をして出てきた不要な物について発表する。 　文房具，ハンカチ，タオル等 ・環境に配慮した物の使い方について話し合ってまとめる。 　・文房具を長く大切に使うこと 　・ハンカチやタオルを他の用途に再利用する方法等	②		〔知〕②環境に配慮した物の使い方などについて理解している。 〈ワークシート〉〈ペーパーテスト〉
7	○「我が家いつもすっきりプロジェクト」の計画を立てる。 ・学校での実践で学んだことを生かし，それぞれの家庭での整理・整頓の計画を各自で立てる。 ・グループの友達と交流し，計画を見直す。		② ③	〔思〕②住まいの整理・整頓の仕方について実践に向けた計画を考え，工夫している。 〈「我が家いつもすっきりプロジェクト」計画・実習記録表〉 〔主〕③住まいの整理・整頓の仕方について工夫し，実践しようとしている。 〈振り返りカード〉

5 本時の展開（5／7時間）

(1)小題材名 「いつもすっきりプロジェクト」を実践しよう

(2)ねらい 「校内いつもすっきりプロジェクト」で実践について発表し合い，評価したり，改善したりすることができる。

⑶学習活動と評価

時間(分)	学習活動 ICT の活用場面	・指導上の留意点 ■評価規準〈評価方法〉
5	1　本時の学習のめあてを確認する。	・校内実践については，整理・整頓の前と後の写真（動画）などを使って，スライドにまとめておく。
	「校内いつもすっきりプロジェクト」の実践を振り返ろう	
10	2　校内での各自の実践について<u>プレゼンテーション機能を用いて，グループ内で発表し合う</u>。	・実践の際に使った「こつ」や整理・整頓後の使いやすさについて交流するように促す。 ■思考・判断・表現④ 〈スライド〉〈行動観察〉
15	3　グループでの実践について全体で発表し合い，<u>デジタル付箋を用いて，よい点やアドバイスを伝え合う</u>。	・よい点はピンク，アドバイスは水色のデジタル付箋を使うようにして，分類しやすいようにしておく。
10	4　友達のアドバイスや他のグループの発表を参考にして，校内実践での計画を改善する。	■思考・判断・表現③ 〈「校内いつもすっきりプロジェクト」計画・実習記録表〉
5	5　本時の学習をまとめ，家庭実践に向けて生かしたいことを振り返りカードに書く。	・家庭実践に向けて，意欲を高める。

⑷学習評価のポイント

　本時の「思考・判断・表現」の評価規準④については，「校内いつもすっきりプロジェクト」の実践を発表する場面において，スライドの内容や発表の様子から評価する。整理・整頓前後の様子について写真を用いて資料を作成し，分かりやすく友達に伝えている場合を「おおむね満足できる」状況（B）と判断した。その際，「努力を要する」状況（C）と判断される児童に対しては，実践した内容を確認して資料を作成したり，他のグループの発表を参考にしたりするように助言する。また，整理・整頓の仕方について，なぜそうしたのかという理由や，実践後にどう感じているかなどを「快適・安全」の視点を明確にして伝えている場合を「十分満足できる」状況（A）と判断した。

　「思考・判断・表現」の評価規準③については，校内での実践を振り返って評価・改善する場面で，「校内いつもすっきりプロジェクト」計画・実習記録表の内容から評価する。「快適・安全」の視点から整理・整頓の仕方について適切に自己評価するとともに，具体的な改善策を記述している場合を「おおむね満足できる」状況（B）と判断した。その際，「努力を要する」状況（C）と判断される児童に対しては，友達の発表を参考に改善策を考えるように促す。

6 主体的・対話的で深い学びを実現する学習指導〈ICT 活用〉の工夫

主 課題設定の場面で，１人１台端末を活用し，学校の図書室，教室のロッカーなどの写真等を
配布して整理・整頓の問題点に気付くことができるようにし，身近な問題として主体的に取
り組むことができるようにする。

対 実践活動の交流の場面で，１人１台端末を活用し，整理・整頓前後の写真や動画を共有して
工夫や改善点を伝え合う活動を充実することにより，互いの考えを深めることができるよう
にする。

深 気持ちよく安全に生活するために「いつもすっきりプロジェクト」の計画を立てて実践する
一連の学習過程の中で，「快適・安全」の見方・考え方を働かせながら，課題の解決に向け
て自分なりに考え，表現することができるようにする。

 ## ＩＣＴ（１人１台端末）の主な活用場面と活用のポイント

〈本時の場面における活用〉

●実践活動の評価・改善（第５時）

「校内いつもすっきりプロジェクト」の実践について発表する場面において，各自が記録し
た写真や動画を使って作成したスライドを用いて紹介し合う活動が考えられる。実践内容がイ
メージしやすくなり，効果的である。

実践の評価・改善の場面では，デジタル付箋を用いた交流が考えられる。デジタル付箋は自
由に色を変えられるため，よいところやアドバイスで色分けして意見を伝えたり，友達からも
らった付箋の色を変えて分類したりすることができるため，計画を改善する際に，振り返りや
すくなり，効果的である。

〈その他の場面における活用〉

●生活の課題発見（第１時）

身の回りの整理・整頓についての課題を設定する場面において，校内の写真を一斉送信して
共有する活動が考えられる。身近な場所の写真を同時に閲覧することにより，生活の中にある
問題を見いだしたり，一人一人の知的好奇心を喚起したりすることにつながる。また，一人一
人の問題意識や気付きをデジタル付箋に入力しデータを共有することで課題設定につげること
ができ，効果的である。

●解決方法の検討と計画（第２時）

机の引き出しの整理・整頓の仕方についてペアで交流する場面において，記録した写真を用
いて紹介する活動が考えられる。写真を見せることで，何をどこに置いたかが一目で分かり，
整理・整頓の「こつ」を考えやすくなる。また，整理・整頓前後の写真を比較することにより，
達成感を味わうことができ，効果的である。

ワークシート等の例［1人1台端末においても活用可能］

■計画・実習記録表の一部（本時）

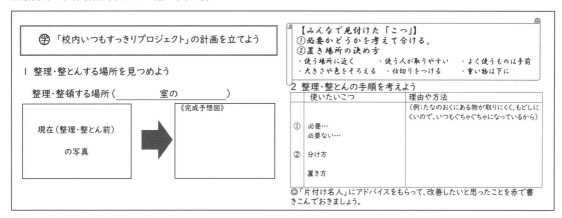

■1人1台端末活用の実際（発表スライドとデジタル付箋の例）

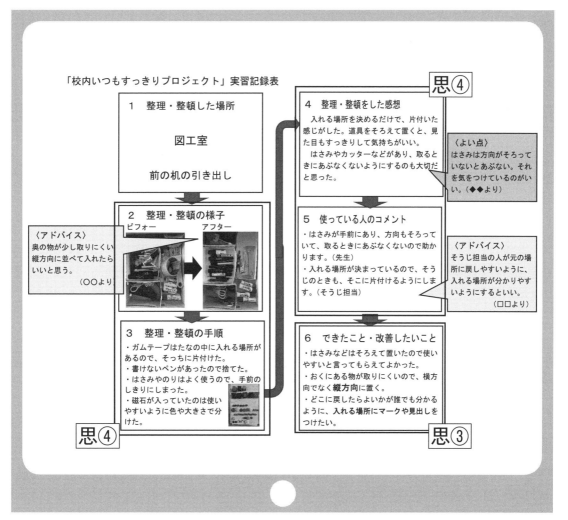

（田中明日香）

12 夏をすずしく快適に
めざせ　クールプランナー

B(4)ア(ア)イ，(6)ア(ア)イ

1 題材について

　この題材は，「B衣食住の生活」の(4)「衣服の着用と手入れ」のアの(ア)「衣服の主な働き，日常着の快適な着方」及びイと，(6)「快適な住まい方」のアの(ア)「季節の変化に合わせた住まい方」及びイとの関連を図っている。「夏をすずしく快適に過ごすためにクールプランナーをめざそう」という課題を設定し，「健康・快適」の視点から考え，工夫する活動を通して，夏をすずしく快適に過ごすための着方や住まい方に関する知識を身に付けるとともに，課題を解決する力を養い，衣生活及び住生活をよりよくしようと工夫する実践的な態度を育成することをねらいとしている。

2 題材の目標

(1)　衣服の主な働きが分かり，夏における日常着の快適な着方，季節の変化に合わせた生活の大切さや夏の住まい方について理解する。

(2)　夏における日常着の着方や住まい方について問題を見いだして課題を設定し，様々な解決方法を考え，実践を評価・改善し，考えたことを表現するなどして課題を解決する力を身に付ける。

(3)　家族の一員として，生活をよりよくしようと，夏における日常着の快適な着方や住まい方について，課題の解決に向けて主体的に取り組んだり，振り返って改善したりして，生活を工夫し，実践しようとする。

3 題材の評価規準

知識・技能	思考・判断・表現	主体的に学習に取り組む態度
・衣服の主な働きが分かり，夏における状況に応じた日常着の快適な着方について理解している。 ・季節の変化に合わせた生活の大切さや夏の住まい方について理解している。	夏における日常着の快適な着方や住まい方について問題を見いだして課題を設定し，様々な解決方法を考え，実践を評価・改善し，考えたことを表現するなどして課題を解決する力を身に付けている。	家族の一員として，生活をよりよくしようと，夏における日常着の快適な着方や住まい方について，課題の解決に向けて主体的に取り組んだり，振り返って改善したりして，生活を工夫し，実践しようとしている。

4 指導と評価の計画 （全7時間）

〔1〕夏の生活を見つめよう ………………………………………………… 1時間

〔2〕夏を快適に過ごすための着方や住まい方を調べよう（本時3／7）………… 4時間

〔3〕「めざせ　クールプランナー」わが家における夏の生活を工夫しよう………… 2時間

〔次〕時	○ねらい・学習活動 ICTの活用場面	評価の観点			評価規準〈評価方法〉
		知	思	主	
〔1〕1	○「クールプランナー」を目指して，夏における日常着の快適な着方や住まい方について問題を見いだして課題を設定することができる。・<u>イラストや経験，年間平均気温の推移等をもとに，夏の生活を見つめ，夏を快適に過ごすための着方や住まい方の問題点について話し合う。</u>・わが家における夏を快適に過ごすための着方や住まい方について，「健康・快適」の視点から自分の生活の問題を見いだして課題を設定する。		①		〔思〕①夏における日常着の快適な着方や住まい方について問題を見いだして課題を設定している。〈「クールプランナー」の計画表〉〈行動観察〉
〔2〕2	○衣服の主な働きが分かり，夏における状況に応じた日常着の快適な着方について理解することができる。・衣服の主な働きについて話し合う。・<u>通気性や吸水性などの実験をもとに，夏における日常着の快適な着方についてまとめる。</u>			①	〔主〕①夏における日常着の快適な着方や住まい方について，課題の解決に向けて主体的に取り組もうとしている。〈ポートフォリオ〉〈行動観察〉
3本時	・<u>「山登り」または「花火大会」の場面での日常着の快適な着方について話し合い，まとめる。</u>	①			〔知〕①衣服の主な働きが分かり，夏における状況に応じた日常着の快適な着方について理解している。〈ワークシート〉
4・5	○夏を快適に過ごすための住まい方について理解することができる。・グループで気温，湿度，風通しについて実験を行い，分かったことをまとめる。・<u>実験により分かったことから夏の住まい方について発表する。</u>	②		②	〔知〕②季節の変化に合わせた生活の大切さや夏の住まい方について理解している。〈ワークシート〉〈行動観察〉
〔3〕6	○夏を快適に過ごすための着方や住まい方について考え，「クールプランナー」をめざして実践計画を工夫することができる。・<u>わが家における実践計画を作成する。</u>		②		〔思〕②夏における日常着の快適な着方や住まい方について実践に向けた計画を考え，工夫している。〈「クールプランナー」の計画・実践記録表〉〈相互評価〉

	・友達からのアドバイスをもとに実践計画を見直す。	②	〔主〕②夏における日常着の快適な着方や住まい方について，課題解決に向けた一連の活動を振り返って改善しようとしている。〈ポートフォリオ〉〈行動観察〉
	家庭実践		
7	○家庭での実践を報告し合い，「クールプランナー」をめざして作成した実践計画を見直し，改善することができる。 ・1人1台端末を用いて，各自の実践をグループで発表する。	③	〔思〕③夏における日常着の快適な着方や住まい方について，実践を評価したり，改善したりしている。〈「クールプランナー」の計画・実践記録表〉〈実践シート〉〈行動観察〉
	・実践計画を改善する。（引き続き家庭で実践する。）	④	〔思〕④夏における日常着の快適な着方や住まい方についての課題解決に向けた一連の活動について，考えたことを分かりやすく表現している。〈行動観察〉〈「クールプランナー」の計画・実践記録表〉
		③	〔主〕③家族の一員として，生活をよりよくしようと，夏における日常着の快適な着方や住まい方について工夫し，実践しようとしている。〈「クールプランナー」の計画・実践記録表〉〈ポートフォリオ〉

5 本時の展開 （3／7時間）

(1)**小題材名** 夏を快適に過ごすための着方や住まい方を調べよう

(2)**ねらい** 夏における状況に応じた日常着の快適な着方について理解することができる。

(3)**学習活動と評価**

時間 （分）	学習活動 ICTの活用場面	・指導上の留意点 ■評価規準〈評価方法〉
2	1 前時の学習を振り返る。	・1人1台端末を活用し，前時の振り返りを共有し，学びを本時に生かせるようにする。
3	2 夏のいろいろな場面での男の子の服装について，気付いたことを発表し合う。	・男の子の背景を「公園」から「山」や「花火大会」などに変えることにより，状況に応じて衣服を変える必要があることに気付くようにする。
2	3 本時のめあてを確認し，記入する。	
	いつでもどこでも，夏を快適に過ごすために着方のアドバイスをしよう	

7	4　グループで山登り又は花火大会のどちらかの場面を選択し，<u>各自が1人1台端末を用いておすすめのコーディネート</u>を考える。 　山登り：朝出発し，草木が茂った道を登る。 　花火大会：公園で遊んだ後花火大会へ行く。	・状況がイメージできるように，タイムスケジュールを電子黒板に提示する。 ・自分の考えをワークシートに記入する時間を確保する。
3	5　各自が1人1台端末を用いて作成したコーディネートを<u>グループで共有</u>し合い，その中からベストコーディネートを選ぶ。	
10	6　<u>グループで共有し合い，さらにによりよいコーディネート</u>にする。	・リアルタイムで共有できるアプリを使い，グループでベストコーディネートを完成させることで，対話しながらよりよい着方を探ることができるようにする。
10	7　グループのベストコーディネートを<u>全体で発表し合う。</u>	・グループで完成させたコーディネートは電子黒板で共有する。 ・なぜベストコーディネートなのか，前時の実験をもとに，根拠を明確にして発表するよう助言する。 ■知識・技能① 〈ワークシート〉
8	8　本時を振り返り，学んだことや考えたことをまとめる。	・全体共有をもとに，夏における状況に応じた快適な着方のアドバイスをワークシートに記入する。 ・本時の学びを1人1台端末上のワークシートに記入し，実践計画作成へつなげるよう助言する。

⑷学習評価のポイント

　本時の「知識・技能」の評価規準①については，夏における状況に応じた日常着の快適な着方について男の子へアドバイスを考える場面において，ワークシートの記述内容から評価する。「健康・快適」の視点から，「山登り」または「花火大会」における時間や場所の変化に対して調節できる着方について，衣服の働きと結び付けてその理由とともに示している場合を，「おおむね満足できる」状況（B）と判断した。その際，「努力を要する」状況（C）と判断される児童に対しては，6時間目の実践計画を作成する場面で，友だちの実践計画表を参考にするよう促して個別に指導するようにする。また，「健康・快適」のいくつかの視点を関連させて，夏における状況に応じた日常着の快適な着方について具体的に記述している場合を「十分満足できる状況」（A）と判断した。

6 主体的・対話的で深い学びを実現する学習指導〈ICT活用〉の工夫

主 課題設定の場面で，1人1台端末を活用し，夏の過ごし方についての問題点に気付くことにより，家庭における実践の見通しをもって主体的に学習に取り組めるようにする。

対「クールプランナー」を目指した計画作成や実践報告の場面で1人1台端末を活用し，質問や工夫点，改善点を伝え合う活動を活発化させることにより，互いの考えを深めることができるようにする。

深各自が見付けた「夏を快適に過ごすためのアイデア」をもとにクールプランナーを目指して計画を立てて実践する一連の学習過程の中で，「健康・快適」の見方・考え方を働かせながら，課題の解決に向けて自分なりに考え，表現することができるようにする。

CT（1人1台端末）の主な活用場面と活用のポイント

〈本時の場面における活用〉

●解決方法の検討と計画（第3時）

グループで選んだコーディネートをさらによりよいコーディネートに完成させる場面において，複数の人が同時に編集できるアプリを活用することで，簡単にベストコーディネートが作成できるとともに，具体的なイメージをもつことができるよさがある。様々な衣服の色の選択が可能で修正も容易なため，ワークシートに書き込むことやイラストが苦手な児童にとっても，主体的に取り組むことができ効果的である。また，ここで使用した付箋は，「クールプランナー」計画表の作成の際に，そのまま貼付して課題解決に活用することもできる。グループで完成させたベストコーディネートは，電子黒板に映し出し全体共有することにより，状況に応じた日常着の快適な着方についてアドバイスの視点が増え，効果的である。

〈その他の場面における活用〉

●生活の課題発見（第1時）

夏をすずしく快適に過ごすための着方や住まい方について問題を見いだして課題を設定する場面において，教師がクラウドやサーバ等の共有フォルダに保存した夏の過ごし方や，年間平均気温の推移グラフなどを各自選択し閲覧する。気付きを記入した付箋をもとにグループで交流し，教師が準備した共有シートに付箋を貼って整理することにより，考えを広げ深める活動が考えられる。教師の資料は何度も視聴でき，よりたくさんの気付きが生まれるよさがある。また，付箋は色を変えることができるため，考えを整理したり，比較検討する際に効果的である。

●実践活動の評価・改善（第7時）（第4時も同様）

実践報告会の準備や発表の場面において，カメラ機能やプレゼンテーション機能を活用することにより家庭実践の様子を容易に分かりやすくまとめることができる。作成した資料をもとにグループで交流し合う際，より具体的に発表できるとともに実践の様子をイメージしやすくなり，対話が活性化する。また，自分の実践との違いから友達のよさや工夫点を学び，よりよい実践に向けて工夫改善することができ，効果的である。

ワークシート等の例 ［1人1台端末においても活用可能］

■ワークシートの一部（本時）

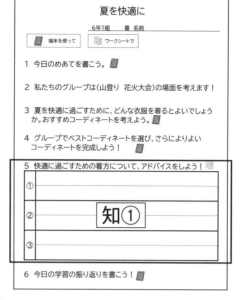

■1人1台端末活用の実際

（小島裕美）

B 衣食住の生活

冬のあったかエコプロジェクト

13

B(4)ア(ア)イ，(6)ア(ア)イ　C(2)アイ

1 題材について

　この題材は，「B衣食住の生活」の(4)「衣服の着用と手入れ」のアの(ア)「日常着の快適な着方」及びイと，(6)「快適な住まい方」のアの(ア)「季節の変化に合わせた住まい方」及びイ，「C消費生活・環境」の(2)「環境に配慮した生活」のア「身近な環境との関わり，物の使い方」及びイとの関連を図っている。「冬のあったかエコプロジェクト」という課題を設定し，「健康・快適・安全」や「持続可能な社会の構築」の視点から考え，工夫する活動を通して，冬を暖かく快適に過ごすための着方や住まい方，環境に配慮した物（暖房機器など）の使い方に関する知識を身に付けるとともに，課題を解決する力を養い，衣生活及び住生活をよりよくしようと工夫する実践的な態度を育成することをねらいとしている。

2 題材の目標

(1) 衣服や住まいの主な働きが分かり，冬における日常着の快適な着方，季節の変化に合わせた生活の大切さや冬の住まい方，環境に配慮した物（暖房機器など）の使い方について理解する。
(2) 冬における日常着の快適な着方や住まい方及び環境に配慮した物（暖房機器など）の使い方について問題を見いだして課題を設定し，様々な解決方法を考え，実践を評価・改善し，考えたことを表現するなどして課題を解決する力を身に付ける。
(3) 家族の一員として，生活をよりよくしようと，冬における日常着の快適な着方や住まい方及び環境に配慮した物（暖房機器など）の使い方について，課題の解決に向けて主体的に取り組んだり，振り返って改善したりして，生活を工夫し，実践しようとする。

3 題材の評価規準

知識・技能	思考・判断・表現	主体的に学習に取り組む態度
・衣服の主な働きが分かり，冬における日常着の快適な着方について理解している。 ・住まいの主な働きが分かり，季節の変化に合わせた生活の大切さや冬の住まい方について理解している。 ・環境に配慮した物（暖房機器など）の使い方について理解している。	冬における日常着の快適な着方や住まい方及び環境に配慮した物（暖房機器など）の使い方について問題を見いだして課題を設定し，様々な解決方法を考え，実践を評価・改善し，考えたことを表現するなどして課題を解決する力を身に付けている。	家族の一員として，生活をよりよくしようと，冬における日常着の快適な着方や住まい方及び環境に配慮した物（暖房機器など）の使い方について，課題の解決に向けて主体的に取り組んだり，振り返って改善したりして，生活を工夫し，実践しようとしている。

4 指導と評価の計画 （全8時間）

〔次〕時	○ねらい ・学習活動　ICTの活用場面	評価の観点 知	思	主	評価規準 〈評価方法〉
〔1〕1	○冬の着方や住まい方の中から問題を見いだし，「冬のあったかエコプロジェクト」の課題を設定することができる。 ・事例の部屋で，冬を暖かく快適に過ごすための着方や住まい方の問題点について，ホワイトボード機能を使い，グループで話し合う。 ・「わが家の冬支度」を「健康・快適・安全」及び「持続可能な社会の構築」等の視点から見直し，着方や住まい方について問題を見いだして課題を設定する。		①		〔思〕①冬における日常着の快適な着方や住まい方，環境に配慮した暖房機器の使い方について問題を見いだして課題を設定している。 〈「冬のあったかエコプロジェクト」の計画・実践記録表〉
〔2〕2・3	○衣服の主な働きが分かり，冬を暖かく快適に過ごすための着方について理解することができる。 ・衣服の主な働きについて話し合う。 （保健衛生上の働き・生活活動上の働き） ・実験等を通して，冬を暖かく快適に過ごすための着方についてまとめる。 ・布の性質を考慮した衣服の選び方 ・保温効果の高い「重ね着」の仕方	①		①	〔知〕①衣服の主な働きが分かり，冬における日常着の快適な着方について理解している。 〈学習カード〉〈ペーパーテスト〉 〔主〕①冬における日常着の快適な着方や住まい方，環境に配慮した暖房機器の使い方について，課題の解決に向けて主体的に取り組もうとしている。 〈ポートフォリオ〉〈「冬のあったかエコプロジェクト」の計画・実践記録表〉〈行動観察〉
〔3〕4・5	○住まいの主な働きが分かり，冬を暖かく快適に過ごすための住まい方について理解することができる。 ・住まいの主な働きについて話し合う。 ・実験等を通して，冬を暖かく快適に過ごすための住まい方についてまとめる。 ・寒さへの対処の仕方（温度調べ） ・明るさの取り入れ方（照度調べ）	②			〔知〕②住まいの主な働きが分かり，季節の変化に合わせた生活の大切さや冬の住まい方について理解している。 〈学習カード〉〈ペーパーテスト〉
6	○暖房機器の安全で環境に配慮した使い方について理解することができる。 ・暖房機器の安全な使い方や効率的な使い方について，教科書やインターネット等で調べ，グループシートにまとめたものを全体	③④			〔知〕③暖房機器の安全な使い方について理解している。 〈学習カード〉〈ペーパーテスト〉 〔知〕④環境に配慮した暖房機器の使い方について理解している。

	で共有する。 ・換気の仕方　・太陽の光や熱の利用 ・暖房機器の安全で効率的な使い方			〈学習カード〉〈ペーパーテスト〉 ＊２～６時の学習内容を，デジタルテスト等で確認しておく。
〔4〕 7 本時	○環境に配慮しながら冬を暖かく快適に過ごすための着方や住まい方について考え，「冬のあったかエコプロジェクト」の実践計画を工夫することができる。 ・各自が，端末の画面上に，イラストや写真等を貼り付け，わが家における「冬のあったかエコプロジェクト」の実践計画を作成する。 ・グループで計画表のデータを共有し，友達や先生からのアドバイスをもとに実践計画を見直す。	② ②		〔思〕②冬における日常着の快適な着方や住まい方，環境に配慮した暖房機器の使い方について実践に向けた計画を考え，工夫している。 〈計画・実践記録表〉 〔主〕②冬における日常着の快適な着方や住まい方，環境に配慮した暖房機器の使い方について，課題解決に向けた一連の活動を振り返って改善しようとしている。 〈ポートフォリオ〉〈行動観察〉
	家庭実践			
8	○家庭での実践を報告し合い，「冬のあったかエコプロジェクト」の実践計画を見直し，改善することができる。 ・プレゼンテーション機能を使って作成した資料を示しながら，各自の実践をグループで発表し合う。 ・「冬のあったかエコプロジェクト」の実践計画を改善する。	③ ④ ③		〔思〕③冬における日常着の快適な着方や住まい方，環境に配慮した暖房機器の使い方について，実践を評価したり，改善したりしている。 〈計画・実践記録表〉 〔思〕④冬における日常着の快適な着方や住まい方，環境に配慮した暖房機器の使い方についての課題解決に向けた一連の活動について，考えたことを分かりやすく表現している。 〈計画・実践記録表〉〈行動観察〉 〔主〕③冬における日常着の快適な着方や住まい方，環境に配慮した暖房機器の使い方について工夫し，実践しようとしている。 〈ポートフォリオ〉〈行動観察〉

5 本時の展開 （7／8時間）

(1)**小題材名**　わが家の「冬のあったかエコプロジェクト」を工夫しよう

(2)**ねらい**　環境に配慮しながら冬を暖かく快適に過ごすための着方や住まい方について考え，「冬のあったかエコプロジェクト」の実践計画を工夫することができる。

(3)学習活動と評価

時間 （分）	学習活動 ICT の活用場面	・指導上の留意点 ■評価規準〈評価方法〉
5	1　冬を暖かく快適に過ごすためのわが家の課題を確認する。	・事前に，１人１台端末を活用して，既習事項を見直したり，デジタルテストで学習内容を確認した

		りしておく。
	【冬の快適ポイント】 　明るさ，暖かさ，湿度，換気，安全，省エネ 2　本時の学習のめあてを確認する。	・1時間目の課題設定の際に見付けた「冬の快適ポイント」を提示する。

わが家の「冬のあったかエコプロジェクト」の計画を工夫しよう

25	3　わが家における「冬のあったかエコプロジェクト」の実践計画を作成する。	・カメラ機能を活用して，「わが家の暖房機器」等の写真を事前に撮影する。（教師が用意したイラストや写真でもよい。）
10	【デジタルホワイトボード】 ①各自が，端末の画面上に，イラストや写真等を貼り付け，わが家の簡単な見取り図を作成する。 ②解決方法を入力したデジタル付箋を見取り図に貼る。 4　友達や先生からのアドバイスをもとに，実践計画を見直す。 ・グループで計画表のデータを共有し，感想やアドバイスを伝え合う。 ・計画を見直し，改善する。	・デジタル付箋の色を「冬の快適ポイント」ごとに変え，多様な視点で考えることができるようにする。 ■思考・判断・表現② 〈「冬のあったかエコプロジェクト」計画・実践記録表〉 ■主体的に学習に取り組む態度② 〈ポートフォリオ〉〈行動観察〉
5	5　本時の学習をまとめ，振り返る。	・各自が作成した計画のよさを認め，主体的に実践できるよう意欲を高める。

⑷学習評価のポイント

　本時の「思考・判断・表現」の評価規準②については，「冬のあったかエコプロジェクト」の実践計画を工夫する場面において，計画・実践記録表の記述内容から評価する。「健康・快適・安全」及び「持続可能な社会の構築」等の視点から，冬の着方と住まい方における具体的な解決方法を考えて実践計画を立てている場合を，「おおむね満足できる」状況（B）と判断した。その際，「努力を要する」状況（C）と判断される児童に対しては，自分の課題に合った方法を考えることができるよう，教師が示した例や友達の計画表の記述内容を参考にするよう促したり，具体的な方法をアドバイスしたりして自分の計画を工夫することができるようにする。なお，家庭実践が難しい際には，学校を実践の場にして計画を立て，評価することも考えられる。

　「主体的に学習に取り組む態度」の評価規準②については，実践計画を見直す場面において，行動観察やポートフォリオの記述内容から評価する。冬における日常着の快適な着方や住まい方，環境に配慮した暖房機器の使い方について，友達や先生からのアドバイスをもとに，課題解決に向けた一連の活動を振り返って改善しようとしている場合を，「おおむね満足できる」状況（B）と判断した。

6 主体的・対話的で深い学びを実現する学習指導〈ICT活用〉の工夫

主課題設定の場面で，1人1台端末を活用し，共通事例「○○さんの部屋」で考えることにより，わが家における実践の見通しをもって主体的に活動できるようにする。

対「冬のあったかエコプロジェクト」の計画や実践報告会の場面で，1人1台端末を活用し，工夫や改善点を伝え合う活動を充実することにより，互いの考えを深めることができるようにする。

深自分たちが見つけた「冬の快適ポイント」をもとに，わが家の「冬のあったかエコプロジェクト」の計画を立てて実践する一連の学習過程の中で，「健康・快適・安全」や「持続可能な社会の構築」等の見方・考え方を働かせながら，課題の解決に向けて自分なりに考え，表現することができるようにする。

CT（1人1台端末）の主な活用場面と活用のポイント

〈本時の場面における活用〉

●解決方法の検討と計画（第7時）

「冬のあったかエコプロジェクト」の実践計画を工夫する場面において，ホワイトボード機能を活用して計画表を作成する。事前に撮影した「わが家の暖房機器」の写真やイラストを貼り付けることで，わが家の見取り図を簡単に作成できるよさがある。また，解決方法を入力したデジタル付箋を添付して検討することで，ワークシートに書き込むことを苦手とする児童にとっても，計画表を容易に作成することができ効果的である。

〈その他の場面における活用〉

●生活の課題発見（第1時）

冬を暖かく快適に過ごすための着方や住まい方についての問題を見いだして課題を設定する場面において，事前に教師が準備した共有シート「〇〇さんの部屋（事例）」に，各自の気付きを入力したデジタル付箋を添付する。グループで意見交流し，付箋を整理することにより，考

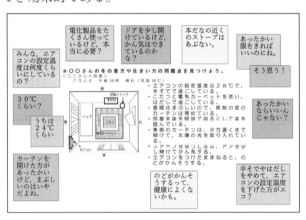

えを広げ深める活動が考えられる。デジタル付箋は，色を自由に変えることができるため，各自の気付きを比較しやすいよう個別に色分けしたり，「冬の快適ポイント」ごとに色分けしたりできるよさがある。また，大画面でグループごとの意見を比較検討する際にも効果的である。

●実践活動の評価・改善（第8時）

実践報告会の発表の場面において，写真や動画を使ったプレゼン資料を用いることが考えられる。実践の様子や工夫点を短時間で効率よく伝えられるよさがある。また，資料は共有フォルダに保存し，各自が何度も繰り返し確認することができるので，実践を評価・改善する場面においても，具体的な感想やアドバイスを伝え合ったり，友達の工夫点を自分の実践に生かしたりすることができ効果的である。

ワークシート等の例［1人1台端末においても活用可能］

■「冬のあったかエコプロジェクト」計画・実践記録表の一部（本時）

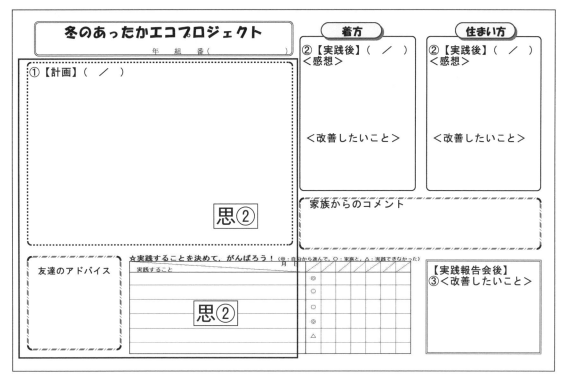

■1人1台端末活用の実際

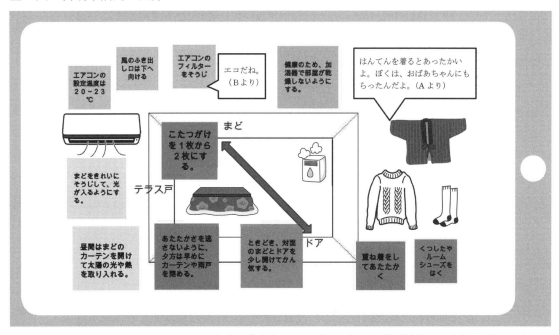

＊実際に児童が作成する際は、「わが家の暖房機器」等の写真を貼り付けてもよい。

（藤井純子）

C 消費生活・環境

14 感謝集会の買物をしよう
～地域の人をおもてなし～

C(1)ア(ア)(イ)イ

1 題材について

　この題材は、「C消費生活・環境」の(1)「物や金銭の使い方と買物」のアの(ア)「買物の仕組みや消費者の役割」及び(イ)「身近な物の選び方、買い方、情報の収集・整理」とイ「身近な物の選び方、買い方の工夫」との関連を図っている。「感謝集会の買物をしよう」という課題を設定し、「持続可能な社会の構築」の視点から考え、工夫する活動を通して、身近な物の選び方、買い方、買物の仕組み（売買契約）や消費者の役割に関する知識及び技能を身に付けるとともに、課題を解決する力を養い、消費生活をよりよくしようと工夫する実践的な態度を育成することをねらいとしている。

2 題材の目標

(1) お茶とせんべいの選び方、買い方、情報の収集・整理、買物の仕組み、消費者の役割について理解するとともに、それらに係る技能を身に付ける。

(2) お茶とせんべいの選び方、買い方について問題を見いだして課題を設定し、様々な解決方法を考え、実践を評価・改善し、考えたことを表現するなどして課題を解決する力を身に付ける。

(3) 家族や地域の一員として、生活をよりよくしようと、お茶とせんべいの選び方、買い方について、課題の解決に向けて主体的に取り組んだり、振り返って改善したりして、生活を工夫し、実践しようとする。

3 題材の評価規準

知識・技能	思考・判断・表現	主体的に学習に取り組む態度
・お茶とせんべいの選び方、買い方を理解しているとともに、購入するために必要な情報の収集・整理が適切にできる。 ・買物の仕組みや消費者の役割について理解している。	お茶とせんべいの選び方、買い方について問題を見いだして課題を設定し、様々な解決方法を考え、実践を評価・改善し、考えたことを表現するなどして課題を解決する力を身に付けている。	家族や地域の一員として、生活をよりよくしようと、お茶とせんべいの選び方、買い方について、課題の解決に向けて主体的に取り組んだり、振り返って改善したりして、生活を工夫し、実践しようとしている。

4 指導と評価の計画 (全6時間)

〔1〕身近な買物を振り返ろう ……………………………………………………… 1時間
〔2〕感謝集会の買物をしよう（本時3・4／6）…………………………………… 4時間
〔3〕消費者の役割について考えよう ……………………………………………… 1時間

〔次〕時	○ねらい ・学習活動　ICTの活用場面	評価の観点			評価規準〈評価方法〉
		知	思	主	
〔1〕 1	○身近な買物を振り返り，買物の仕組み（売買契約）について理解することができる。 ・これまでの買物の経験を思い出し，売買契約が成り立つ場面について話し合う。 ・買物クイズに解答しながら，買い方のポイントをまとめる。 ・お世話になっている地域の人への感謝集会に必要な買物をすることを確認する。	①			〔知〕①買物の仕組みについて理解している。 〈ワークシート〉
〔2〕 2	○感謝集会で地域の人をもてなすお茶とお菓子（せんべい）の選び方，買い方について問題を見いだし，課題を設定することができる。 ・家族との団らんの学習を生かし，感謝集会で地域の人をお茶とせんべいでもてなす見通しをもつ。 ・お茶とせんべいの選び方，買い方について問題を見いだして課題を設定する。 ・地域の人の好みを聞く（課外）。		①		〔思〕①お茶とお菓子（せんべい）の選び方，買い方について問題を見いだし，課題を設定している。 〈ワークシート〉
3 ・ 4 本 時	○お茶とせんべいの選び方，買い方を理解し，購入に必要な情報を収集・整理して，買物計画を考え，工夫することができる。 ・お茶とせんべいを選ぶ観点を考える。 ・買物模擬体験を行い，<u>お茶とせんべいの情報を収集・整理する</u>。 ・<u>整理した情報を活用し，各自でお茶とせんべいを選ぶ</u>。 ・選んだ理由を全体で発表し合う。 ・予算に応じて，グループでお茶とせんべいを選ぶ。 ・買い方を確認し，<u>買物計画を立てる</u>。	②	②	①	〔知〕②お茶とせんべいの選び方，買い方を理解しているとともに，購入するために必要な情報の収集・整理が適切にできる。 〈ワークシート〉 〔思〕②お茶とせんべいの選び方，買い方について，買物計画を考え，工夫している。 〈ワークシート〉 〈買物計画・実践記録表〉 〔主〕①お茶とせんべいの選び方，買い方について，課題の解決に向けて主体的に取り組もうとしている。 〈ポートフォリオ〉〈行動観察〉
実践活動					

時間	学習活動			評価規準〈評価方法〉
5	○感謝集会に用いるお茶とせんべいの選び方，買い方について実践を評価・改善することができる。 ・実践したことをグループで発表する。 ・予算内に購入することができたか，購入後に適切に活用しているかなどを評価し，よい点や改善点を交流する。 ・これからの買物に生かすことを「買物のポイント」としてまとめる。	④ ③ ②		〔思〕④お茶とせんべいの選び方，買い方についての課題解決に向けた一連の活動について，考えたことを分かりやすく表現している。 〈買物計画・実践記録表〉〈行動観察〉 〔思〕③お茶とせんべいの選び方，買い方について，実践を評価したり，改善したりしている。 〈買物計画・実践記録表〉 〔主〕②お茶とせんべいの選び方，買い方について，課題解決に向けた一連の活動を振り返って改善しようとしている。 〈ポートフォリオ〉〈行動観察〉
〔3〕6	○消費者の役割について理解することができる。 ・「買物のポイント」を基に，消費者の役割について話し合う。 ・消費者の役割についてまとめる。	③	③	〔知〕③消費者の役割について理解している。 〈ワークシート〉 〔主〕③お茶とせんべいの選び方，買い方について工夫し，実践しようとしている。 〈ポートフォリオ〉〈行動観察〉

5 本時の展開 （3・4／6時間）

(1)小題材名 感謝集会の買物をしよう

(2)ねらい お茶とせんべいの選び方，買い方を理解し，購入に必要な情報を収集・整理して，買物計画を考え，工夫することができる。

(3)学習活動と評価

時間 （分）	学習活動 ICTの活用場面	・指導上の留意点 ■評価規準〈評価方法〉
5	1　本時の学習のめあてを確認する。	・お茶とせんべいの選び方を全体で考えた後，グループで最終決定することを確認する。
	感謝集会には、どのお茶とせんべいを選ぶとよいのだろう	
10 20	2　文房具と比較して，お茶とせんべいを選ぶ観点を考え，全体で確認する。 3　買物模擬体験を行い，お茶とせんべいの情報を収集・整理する。 ＜お茶＞A，B（2種類） ＜せんべい＞A，B，C（3種類）	・既習の観点と比較し，食料品には賞味期限があることに気付くようにする。 ・お茶とせんべいの実物を用意し，内容量等を実感できるようにする。 ・パッケージの拡大写真を共有フォルダに入れ，表示を各自が確認できるようにする。 ・お茶については，教師と共に情報を収集し，観点

		毎に整理する方法を確認する。
		■**知識・技能②**〈ワークシート〉
10	4 収集・整理した情報を活用し，各自がお茶とせんべいを選ぶ。	・デジタル付箋に選んだ理由を記入し，全体で共有できるようにする。
15	5 各自が選んだお茶とせんべいについて，選んだ理由を明確にして発表し合う。	・発表を通して，値段や分量，品質等の観点以外に，地域の人の好みや環境への配慮についても気付くようにする。
15	6 予算に応じて，どのお茶とせんべいを選ぶのかをグループで話し合い，購入する物を決定する。	・購入する目的を確かめるようにする。
		■**思考・判断・表現②**〈ワークシート〉〈買物計画・実践記録表〉
10	7 買い方について確認し，グループで買物計画を立てる。	■**主体的に学習に取り組む態度①**〈ポートフォリオ〉〈行動観察〉
5	8 本時の学習を振り返り，次時の活動を確認する。	・計画したことを実践に生かすことができるよう励ます。

⑷学習評価のポイント

　本時の「知識・技能」の評価規準②については，お茶とせんべいの購入に必要な情報を収集・整理する場面で，ワークシートの記述内容から評価する。値段や分量，品質等を観点として情報を集め，整理することができている場合を「おおむね満足できる」状況（B）と判断した。その際，「努力を要する」状況（C）と判断される児童に対しては，実物や写真の情報を見せながら児童と一緒に観点を確認し，具体的に整理の仕方を助言するなどの手立てを十分に行うようにする。

　「思考・判断・表現」の評価規準②については，購入するお茶とせんべいを選び，買物計画を立てる場面で，ワークシート及び計画・実践記録表の記述内容から評価する。収集・整理した情報を活用し，予算の範囲内の視点からお茶とせんべいを選び，買物計画を工夫している場合を「おおむね満足できる」状況（B）と判断した。また，地域の人の好みや環境への配慮についても観点として選んだ理由を記述している場合を「十分満足できる」状況（A）と判断した。

　「主体的に学習に取り組む態度」の評価規準①については，ポートフォリオの記述内容及び行動観察から評価している。お茶とせんべいの選び方について，課題の解決に向けて，情報の収集・整理に取り組んだり，他の児童の意見を参考にしたりして，よりよい買物計画にしようと粘り強く取り組んだことを記述している場合を「おおむね満足できる」状況（B）と判断した。

6 主体的・対話的で深い学びを実現する学習指導〈ICT活用〉の工夫

主 お茶とせんべいを選ぶ場面で、1人1台端末を活用し、商品を購入するために必要な情報を集めたり、集めた情報を観点ごとに整理したりする活動を通して、買物の実践に向けて、学習の見通しをもって主体的に学習に取り組むことができるようにする。

対 お茶とせんべいの選び方や買い方を検討する場面で、1人1台端末を活用し、選んだ理由を話し合ったり、商品の表示や特徴をもう一度全体で確認したりする活動を取り入れることで、「予算内でよりよい物を選ぶ」という新たな視点に気付き、よりよい選び方や買い方をするための工夫を話し合うことができるようにする。

深 自分たちで情報を収集・整理し、重点とした観点を基に、感謝集会の買物の計画を立てて実践する一連の学習過程の中で、「持続可能な社会の構築」の見方・考え方を働かせながら、課題の解決に向けて自分なりに考え、表現することができるようにする。

 CT（1人1台端末）の主な活用場面と活用のポイント

〈本時の場面における活用〉

●解決方法の検討と計画（第3・4時）

　お茶とせんべいの選び方について検討する場面において、ワークシートに情報を収集・整理する際は、共有フォルダに保存してある各商品のパッケージの拡大写真を活用することが考えられる。それを各自が確認することにより、実物よりも表示が見やすく、短時間で情報収集ができるよさがある。また、商品を選ぶ際は、選んだ理由をデジタル付箋に記入し、ホワイトボード上に貼り付け、意見交流することが考えられる。付箋の色を観点毎に区別することで、誰がどの観点を重視して選んでいるか瞬時に分かる。

　グループで買物計画を立てる場面において、プレゼンテーション機能等を用いた買物計画・実践記録表を活用することが考えられる。買物計画を分担しながら短時間で一つにまとめることができるので、効果的である。また、実践後には、購入した物やレシートの写真、地域の人の感想、各自の振り返り等を貼り付けることで、短時間で実践記録表を完成させることができる。

〈その他の場面における活用〉

●実践活動の評価・改善（5時間目）

　買物実践報告会の場面において、グループや全体で買物計画・実践記録表を共有し、購入が適切だったかどうかを相互評価することが考えられる。「予算内に購入しているか」「目的に合っているか」等の観点から、付箋機能やコメント機能を活用して評価することにより、短時間で友達のアドバイスを把握することができ、改善点を考える時間を確保できる。

■ワークシートの一部（本時）

感謝集会には、どのお茶とせんべいを選ぶとよいだろう

①いつもお世話になっている地域の人にふるまうお茶とせんべいの情報を整理しよう。
②整理した情報をもとに、お茶とせんべいを選ぼう。
③重視した観点を〇で囲み、選んだ理由を書こう。

感謝集会：3月3日（金）3時間目
買物に行く日：2月20日
予算：グループ（4人）＋地域の人（2人）で800円以内

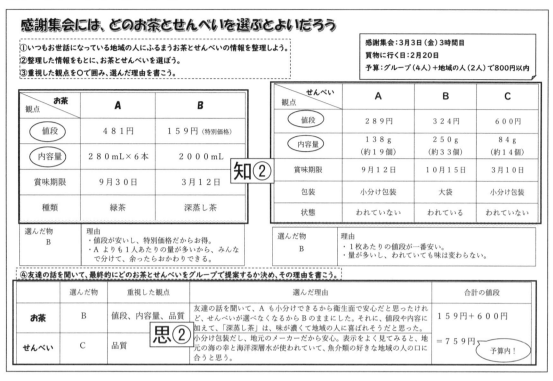

観点＼お茶	A	B
値段	４８１円	１５９円（特別価格）
内容量	２８０mL×６本	２０００mL
賞味期限	９月３０日	３月１２日
種類	緑茶	深蒸し茶

知②

観点＼せんべい	A	B	C
値段	２８９円	３２４円	６００円
内容量	１３８g（約１９個）	２５０g（約３３個）	８４g（約１４個）
賞味期限	９月１２日	１０月１５日	３月１０日
包装	小分け包装	大袋	小分け包装
状態	われていない	われている	われていない

選んだ物 B
理由
・値段が安いし、特別価格だからお得。
・A よりも１人あたりの量が多いから、みんなで分けて、余ったらおかわりできる。

選んだ物 B
理由
・１枚あたりの値段が一番安い。
・量が多いし、われていても味は変わらない。

④友達の話を聞いて、最終的にどのお茶とせんべいをグループで提案するか決め、その理由を書こう。

	選んだ物	重視した観点	選んだ理由	合計の値段
お茶	B	値段、内容量、品質	友達の話を聞いて、A も小分けできるから衛生面で安心だと思ったけれど、せんべいが選べなくなるからBのままにした。それに、値段や内容に加えて、「深蒸し茶」は、味が濃くて地域の人に喜ばれそうだと思った。	１５９円＋６００円
せんべい	C	品質	小分け包装だし、地元のメーカーだから安心。表示をよく見てみると、地元の海の幸と海洋深層水が使われていて、魚介類の好きな地域の人の口に合うと思う。	＝７５９円　予算内！

思②

■1人1台端末活用の実際

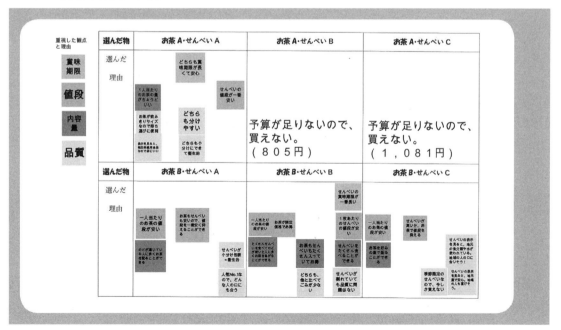

選んだ理由をホワイトボード機能を活用して共有した例

（池田美貴）

C　消費生活・環境

物をずっと大切に
～不要品活用プロジェクト～

15

C(2)アイ，(1)ア(イ)

1 題材について

　この題材は，「C 消費生活・環境」の(2)「環境に配慮した生活」のアの「環境に配慮した物の使い方」及びイと，(1)「物や金銭の使い方と買物」のアの(イ)「物の選び方，買い方」との関連を図っている。第5学年の整理・整頓の学習を通して，学校や家庭には多くの不要品があることに気付いている。第6学年では，「わが家の『不要品活用プロジェクト』」という課題を設定し，「持続可能な社会の構築」の視点から考え，工夫する活動を通して，身近な物の選び方，買い方，環境に配慮した物の使い方に関する知識を身に付けるとともに，課題を解決する力を養い，環境に配慮した生活をよりよくしようと工夫する実践的な態度を育成することをねらいとしている。

2 題材の目標

(1)　環境に配慮した物の使い方及び身近な物の選び方，買い方について理解する。

(2)　環境に配慮した物の使い方などについて問題を見いだして課題を設定し，様々な解決方法を考え，実践を評価・改善し，考えたことを表現するなどして課題を解決する力を身に付ける。

(3)　家族の一員として，生活をよりよくしようと，環境に配慮した物の使い方などについて，課題の解決に向けて主体的に取り組んだり，振り返って改善したりして，生活を工夫し，実践しようとする。

3 題材の評価規準

知識・技能	思考・判断・表現	主体的に学習に取り組む態度
・環境に配慮した物の使い方などについて理解している。 ・身近な物の選び方，買い方を理解している。	環境に配慮した物の使い方などについて問題を見いだして課題を設定し，様々な解決方法を考え，実践を評価・改善し，考えたことを表現するなどして課題を解決する力を身に付けている。	家族の一員として，生活をよりよくしようと，環境に配慮した物の使い方などについて課題の解決に向けて主体的に取り組んだり，振り返って改善したりして，生活を工夫し，実践しようとしている。

4 指導と評価の計画（全5時間）

〔1〕見つめよう　身の回りにある不要品 ……………………………………………… 1時間
〔2〕調べよう　物の選び方，買い方，環境に配慮した使い方 ………………………… 2時間
〔3〕取り組もう　わが家の「不要品活用プロジェクト」（本時4／5） ……………… 2時間

〔次〕時	○ねらい・学習活動　ICTの活用場面	評価の観点			評価規準〈評価方法〉
		知	思	主	
〔1〕1	○環境に配慮した物の使い方などについて問題を見いだし，わが家の「不要品活用プロジェクト」の課題を設定することができる。 ・整理・整頓で出てきた不要品について話し合う。 ・不要品を出さない工夫や不要品を家庭ではどうしているかについて話し合う。 ・わが家における不要品の活用について，「持続可能な社会の構築」の視点から問題を見いだして課題を設定する。		①		〔思〕①環境に配慮した物の使い方などについて問題を見いだし，わが家の「不要品活用プロジェクト」の課題を設定している。 〈「不要品活用プロジェクト」の計画表〉
	家庭での調査活動（不要品調べ　不要品を出さないための工夫調べ）				
〔2〕2	○身近な物の選び方，買い方を理解することができる。 ・身近な物について，環境に配慮されているか，詰め替えやリサイクルができるかなど，資源の有効利用を考えて選ぶことができているかについて話し合う。 ・身近な物について，必要な分だけ買うことや，まとめて買うことなどについて話し合う。	①			〔知〕①身近な物の選び方，買い方を理解している。 〈ワークシート〉〈ペーパーテスト〉
3	○環境に配慮した物の使い方などについて理解することができる。 ・文房具，実習材料など身近な物の使い方について，環境にできるだけ負荷を掛けない方法について話し合う。 ・「紙わざリメイクの達人」から，紙類を再利用した整理・整頓に役立つ物，生活に役立つ物，生活を豊かにする物の作り方を聞く。	②		①	〔知〕②環境に配慮した物の使い方などについて理解している。 〈ワークシート〉〈ペーパーテスト〉 〔主〕①わが家の「不要品活用プロジェクト」について，課題の解決に向けて主体的に取り組もうとしている。 〈「不要品活用プロジェクト」の振り返り①〉〈行動観察〉
〔3〕4本時	○不要となった空き箱などを使ったわが家の「不要品活用プロジェクト」の実践計画を考え，工夫することができる。 ・家にある空き箱や紙袋などの不要品の再利用の仕方について，わが家の「不要品活用プロジェクト」の実践計画を立てる。 ・似たような作りたい物を選んでいる友達の		②	②	〔思〕②わが家の「不要品活用プロジェクト」の実践計画を考え，工夫している。 〈「不要品活用プロジェクト」の計画表〉 〔主〕②わが家の「不要品活用プロジェクト」について，課題解決に向けた一連の活動を振り返って改

	アドバイスをもとに実践計画を見直す。			善しようとしている。〈「不要品活用プロジェクト」の計画表〉〈行動観察〉

<table>
<tr><td colspan="5" align="center">家庭実践</td></tr>
<tr><td rowspan="3">5</td><td>○家庭での実践を報告し合い，「不要品活用プロジェクト」の実践計画を見直し，改善することができる。
・各自の実践をグループで発表し合う。</td><td>④</td><td colspan="2">〔思〕④わが家の「不要品活用プロジェクト」についての課題解決に向けた一連の活動について，考えたことを分かりやすく表現している。〈「不要品活用プロジェクト」の実践記録表〉〈行動観察〉</td></tr>
<tr><td>・「不要品活用プロジェクト」の実践計画を改善する。</td><td>③</td><td colspan="2">〔思〕③わが家の「不要品活用プロジェクト」について，実践を評価したり改善したりしている。〈「不要品活用プロジェクト」の実践記録表〉</td></tr>
<tr><td>・実践報告会の感想をまとめる。</td><td>③</td><td colspan="2">〔主〕③わが家の「不要品活用プロジェクト」について工夫し，実践しようとしている。〈「不要品活用プロジェクト」の計画表〉〈行動観察〉</td></tr>
</table>

5 本時の展開 （4／5時間）

(1)小題材名 取り組もう　わが家の「不要品活用プロジェクト」

(2)ねらい 不要となった空き箱などを使ったわが家の「不要品活用プロジェクト」の実践計画を考え，工夫することができる。

(3)学習活動と評価

時間（分）	学習活動 ICTの活用場面	・指導上の留意点 ■評価規準〈評価方法〉
5	1　本時のめあてを確認する。	
	空き箱や紙袋などを使って，わが家の「不要品活用プロジェクト」の計画を立てよう	
25	2　家にある空き箱や紙袋などの再利用の仕方を考え，わが家の「不要品活用プロジェクト」の計画を立てる。 <計画例> 使用する不要品　ティッシュケース箱 作りたい物　学習机の中にある文房具を入れる仕切り (1)箱の4すみに切り込みを入れて，内側に折る。	・事前に，自分の家で不要になった空き箱や紙袋などを1人1台端末で撮影し，保存させる。 ・計画を立てる際には，前時の紙わざリメイクの達人の作り方を参考にしたり，インターネットで調べたりするように助言する。 ①整理・整頓に活用する物の例 　段ボール箱を使ったコミックスの収納 　紙袋を使った野菜食材収納バック ②生活を便利にする物の例

	作り方	(2)文房具の長さに合わせて，縦と横の長さを調節し，仮止めする。 (3)学習机に仮止めをした箱を入れて，大きさを調整する。 (4)テープで固定し，完成させる。	牛乳パックを使ったコースター ラップの箱を使ったマスキングテープケース ③生活を豊かにする物の例 チョコレートの箱を使ったツリーの飾り 気に入った箱の絵柄を利用したしおり ■**思考・判断・表現②** 〈「不要品活用プロジェクト」の計画表〉
	その他の材料道具	・マスキングテープ ・ステープラー ・はさみ	
10	3　同じような空き箱や紙袋などを選んでいる 　<u>友達のアドバイスをもとに実践計画を見直す。</u>		・交流の際には，自分の実践計画を提示しながら，感想や助言をもらうように促す。 ■**主体的に学習に取り組む態度②** 〈「不要品活用プロジェクト」の計画表〉〈行動観察〉
5	4　本時の学習を振り返り，家庭での実践に向けて準備などを確認する。		・各自が設定した課題を，主体的に解決するよう意欲を高める。

⑷学習評価のポイント

　本時の「**思考・判断・表現**」の評価規準②については，わが家の「不要品活用プロジェクト」の実践計画を工夫する場面において，計画表の記述内容から評価する。

　「持続可能な社会の構築」等の視点から，自分の家の課題を解決するために空き箱や紙袋などの再利用の仕方を考え，「整理・整頓に活用する物」「生活を便利にする物」「生活を豊かにする物」のいずれかの計画を工夫している場合を，「おおむね満足できる」状況（B）と判断した。その際，「努力を要する」状況（C）と判断される児童に対しては，家庭での空き箱や紙袋などを確認し，「紙わざリメイクの達人」の活用例を振り返ったり，他の児童の計画を参考にしたりして具体的に計画を考えることができるようにする。また，いくつかの空き箱や紙類などを活用して，計画を工夫している場合を「十分満足できる」状況（A）と判断した。

　「**主体的に学習に取り組む態度**」の評価規準②については，他の児童のアドバイスをもとに計画を見直す場面において，計画表の記述内容及び行動観察から評価する。適切に自己評価し，友達の方法を参考に自分の計画を改善しようとしている様子を記述している場合を「おおむね満足できる」状況（B）と判断した。

6 主体的・対話的で深い学びを実現する学習指導〈ICT活用〉の工夫

主 課題設定の場面で，1人1台端末を活用し，家庭で不要品を出さない工夫や不要になった物をどのようにしているかそれぞれの考えを共有することにより，わが家の「不要品活用プロジェクト」という課題に見通しをもって主体的に学習に取り組めるようにする。

対 「不要品活用プロジェクト」の計画や実践報告会の場面で，1人1台端末を活用し，工夫や改善点を伝え合う活動を充実することにより，互いの考えを深めることができるようにする。

深 わが家の「不要品活用プロジェクト」の計画を立てて実践する一連の学習過程の中で，「持続可能な社会の構築」の見方・考え方を働かせながら，課題の解決に向けて自分なりに考え，表現することができるようにする。

CT（1人1台端末）の主な活用場面と活用のポイント

〈本時の場面における活用〉

●解決方法の検討と計画（第4時）

「不要品活用プロジェクト」の計画を立てる場面において，「紙わざリメイクの達人」から教わった活用例をもとに，自分の家にある空き箱や紙袋などの不要品をどう活用するかを考え，簡単なプレゼンテーション機能を活用しながら計画を工夫する活動が考えられる。その際，インターネットを用いて活用例を調べることもでき，情報をすぐに生かして自分の計画をよりよくすることができるよさがある。また，友達との交流の場面において，作成した計画を共有しながら，デジタル付箋でコメントを書き加える活動が考えられる。その際，自分の計画と友達の計画とを比較したり，助言をもらったりすることができ活発な交流を促し，実践計画を見直し，さらに工夫しやすくなるよさがある。

〈その他の場面における活用〉

●課題解決に向けた実践活動の評価・改善（第5時）

実践報告会での発表場面において，家庭実践についてカメラ機能や簡単なプレゼンテーション機能を活用して資料を作成し，発表する活動が考えられる。その際，ICTを活用することで報告会の発表資料を簡単に作成できるよさがある。また，交流の場面において，デジタル付箋でコメントを書き加える活動が考えられる。その際，計画と実践のどちらも共有することで，実践の前後を比べることもでき，友達の実践がよりよいものに改善されているかどうか的確なコメントができる。そのため，コメントを受け取った児童は，実践し続けようと意欲を高めたり工夫しようと考えたりできるよさがある。

■「不用品活用プロジェクト」の計画表（本時）

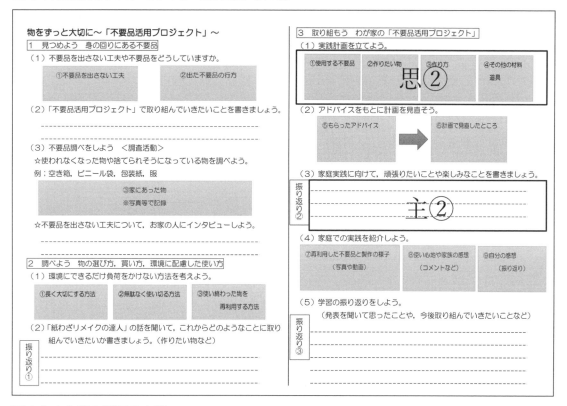

■1人1台端末活用の実際

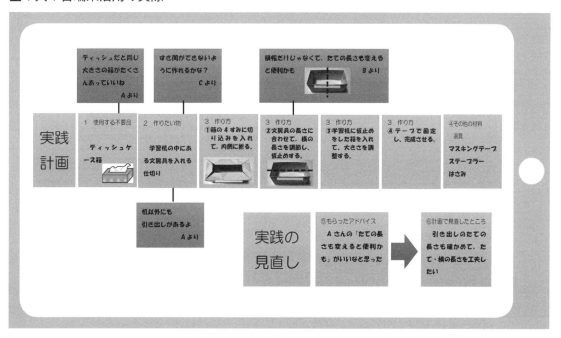

（中村昌亮）

Chapter4

授業を成功させるQ＆A

調理実習における安全・衛生の配慮事項は何ですか。

A1

○服装等

・清潔なエプロン，三角巾，マスクを着用します。爪は短く切り，十分な手洗いと消毒を行います。調理実習中の会話は控えます。

○安全な熱源や用具の取扱い

・熱源の回りにふきんやノート類などの燃えやすい物を置かないようにします。熱源の適切な点火・消火を確認し，調理中は換気します。加熱用調理器具の余熱に注意します。

○安全・衛生を考えた用具の適切な手入れ

〔**加熱調理器具**〕回りの汚れを拭き取ります。

〔**調理用具**〕使用後はなるべく早く丁寧に洗いよく水気を取ります。油汚れは拭き取ってから洗います。

〔**包丁**〕安全に気をつけてよく洗い，水気を拭き取ります。

〔**まな板**〕使用後，流し水をかけながら洗い，十分乾燥します。

〔**ふきん**〕洗剤を用いて洗い，直射日光に当てて乾燥します。

○安全や衛生を考えた調理実習の材料の選択

・生の魚や肉については，調理の基礎を学習していないため，生の魚や肉の加熱不足が生じやすく，食品や調理器具等の衛生的な取扱いが難しいことから，用いないようにします。

・じゃがいもは，皮がうすい緑色のもの小さいものは使用せず，芽は包丁の刃元で取り除きます。

・児童が家庭から持参する場合は，実習の前に指導者が腐敗していないか匂いや色などを確かめ，実習時間までの保管に十分留意します。

○食物アレルギーへの対応

・調理実習で扱う材料にアレルギーの原因となる物質を含む食品が含まれていないか，調理作業時（手に触れる，蒸気を吸う）に発症することはないかなどについて確認します。

・事前に正確な情報を把握し，保護者等と情報を共有します。発症した場合の対応について，各学校の基本方針等を基に確認します。

 1人調理を行う際の環境整備のポイントは何ですか。

A2

○指導体制の工夫

学級を二つに分け，調理台1台あたりの人数を2人とすることや，ティーム・ティーチングなどを取り入れることが考えられます。

○作業手順の提示

2人1組で実践交流ができるよう，板書やワークシート等に「調理する児童A」「観察する児童B」の活動を分かりやすく示します。

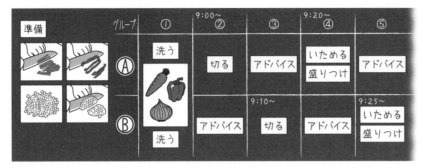

作業順序を示した板書例

○調理用具の準備・配置

鍋やフライパンなどの調理用具は，1人分の調理に適した大きさのものを用意し，作業動線を考え，配置します。

調理器具の配置例

Q3 栄養・献立の学習で栄養教諭等と連携して指導する際のポイントは何ですか。

A3

○栄養教諭等との打合せ

・題材を通して，栄養教諭と連携し指導をすることが効果的な場面を検討します。

・本時の目標を共有し，栄養教諭に指導を依頼する内容，役割分担等について明確に示します。

○栄養教諭等とのティーム・ティーチングにおける配慮事項

①給食を生きた教材として活用する

例えば，給食に用いられている食品，献立の工夫，給食ができるまでの過程，米飯やみそ汁，はしなどの配膳の仕方，地域の特産物や行事食を取り入れること，家庭科で学んだことを給食の時間に確認すること　など

②個に応じたきめ細かな指導・支援を行う

例えば，1食分の献立作成や，調理計画における作業手順，調理実習時の安全・衛生，技能（包丁の取扱い等）について，個別の指導を行います。

Q4 家庭科室の環境整備のポイントは何ですか。

A4

○整理・整頓と用具等の安全な管理

・家庭科室の使い方に関する安全規則を定め，掲示します。

・事故や災害が発生した場合の応急措置や緊急時の対応についても掲示します。

・作業がしやすい机・椅子・用具（ミシンやアイロン，調理器具等）の配置を考えます。その際，コンセントの位置を確認し，アイロンやミシンの許容電流を調べます。

・学習前後に，用具・器具等の動作確認や安全確認を行います。定期的にミシンや消火器，ガス管の破損，ガス漏れ警報器等の点検を行います。

・製作実習で使用する用具の安全な保管方法等の指導を徹底します。（アイロンは冷めてから収納場所に保管します／包丁やはさみは本数を確認し，保管箱に入れたり，カバーを付けたりします／針は使用前後の本数，折れた針の始末の仕方を確認します。ミシンは本体やコントローラー等のコードの破損に注意して保管します／など）

○作品や掲示物の計画的な提示

・学習内容に応じて計画的に作品や掲示物を準備し，提示します。（作品見本や段階標本，製作物の手順，ミシンや包丁の使い方など製作や調理で使用する用具の資料，ガス栓や後片付け点検表などを確認する掲示，など）

Q5 製作実習で個に応じた指導を行うためのポイントは何ですか。

A5

限られた授業時数の中で，基礎的・基本的な知識及び技能を習得させるとともに，児童が「分かった，できた」喜びを体験できるようにするためには，次のような工夫が考えられます。

○技能の個人差に応じた指導の工夫

・ティーム・ティーチングや少人数指導，地域の人材活用など指導体制の充実を図ります。

・ペアやグループなど指導形態を工夫します。

・複数の実習題材やいくつかのコースから自分に合ったものを選択できるようにします。

・実物見本や段階見本，動画等を準備し，適切に活用できるようにします。

○進度に応じた指導の工夫

・児童一人一人が学習を振り返り，進度を確認できるようにします。

・つまずきを解消するための教材・教具を準備します（1人1台端末の活用も可能）。

・製作するものや進度差に応じてグループを編制し，児童同士が互いに教え合ったり，認め合ったりできるようにします。

Q6 実習等でグループ又はペアで相互評価を行うときのポイントは何ですか。

A6

　実習中に全ての児童を観察し，評価することは難しい場合があります。教師が評価する視点と同じ視点で児童が相互評価し，その結果を参考にすることが考えられます。また，相互評価することで児童は学習進度が確認できたり，意欲が高まったり，内容理解が深まったりする効果もあります。

○相互評価を行う際のポイント

①場面を設定する

　どの場面で誰が評価するかを明確にします。例えば，布を用いた製作において，基礎縫いを習得する場面ではペアで，製作計画を作成する場面ではグループで検討するなどが考えられます。

②判断基準を提示する

　判断するための資料（例：製作における「基礎縫い動画」や「段階見本」「写真」）等を準備します（１人１台端末の活用も可能）。

③相互評価の結果を伝える

　評価した結果を相手に伝える場面を設定します。よい点や課題及び改善するためのアドバイスを行うなどが考えられます（１人１台端末の活用も可能）。

Q7 内容「C消費生活・環境」と他の内容を組み合わせて題材を設定する際のポイントは何ですか。

A7

○内容C(1)「物や金銭の使い方と買物」と組み合わせて設定する場合

　内容Cの(1)「物や金銭の使い方と買物」については，内容「A家族・家庭生活」の(3)「家族や地域の人々との関わり」や「B衣食住の生活」の(2)「調理の基礎」及び(5)「生活を豊かにするための布を用いた製作」などと関連させて，家族との触れ合いや団らんで用いる菓子や実習で使う材料の買物を取り上げ，その選び方を考え，購入計画を立てることなどが考えられます。

○内容C(2)「環境に配慮した生活」と組み合わせて設定する場合

　内容Cの(2)「環境に配慮した生活」のイ「環境に配慮した物の使い方の工夫」については，内容B(2)，B(5)と関連させて，実習材料などを無駄なく使うことを考えたり，B(6)「快適な住まい方」の整理・整頓や清掃の学習と関連させて，ごみの分別や減量の仕方を工夫したりすることなどが考えられます。

Q8 内容A⑷「家族・家庭生活についての課題と実践」の題材で評価規準を作成する際のポイントは何ですか。

A8

　A⑷「家族・家庭生活の課題と実践」の題材については，家庭や地域で実践することや，実践発表会を設けることを踏まえ，次の点に留意して評価規準を設定します。

　（『「指導と評価の一体化」のための学習評価に関する参考資料　小学校家庭』の第3編「観点ごとのポイント」参照）

〈思考・判断・表現〉

　題材の学習過程に沿って，①課題を設定する力，②様々な解決方法を考える力，③実践した結果を評価・改善する力，④考えたことを，分かりやすく表現する力に関する四つの評価規準を作成します。その際，例えば，評価規準③は，その文末を「〜に関する課題の解決に向けて，家庭や地域などで実践した結果を評価したり，改善したりしている」，評価規準④は，その文末を「〜に関する課題解決に向けた一連の活動について，考えたことを分かりやすく説明したり，発表したりしている」などとすることが考えられます。

〈**主体的に学習に取り組む態度**〉

　題材の学習過程において，①粘り強さ，②自らの学習の調整，③実践しようとする態度の三つの側面から評価規準を作成します。その際，例えば，評価規準③は，その文末を「〜に関する新たな課題を見付け，家庭や地域での次の実践に取り組もうとしている」などとすることが考えられます。

Q9 家庭でのインタビューや地域の人と関わる場面で，1人1台端末を活用する場合に気を付けることは何ですか。

A9

　家庭科では，自分の家の様子を調べたり，家族にインタビューしたりする活動を行うことがよくあります。その際，1人1台端末のカメラ機能を使って取材したり，写真や動画で記録に残したりすることは，発表や評価・改善の場面でとても役に立ちます。ただし，撮影に当たっては，個々の家庭のプライバシーに配慮することが大切です。取材を行う際には，事前にお便り等を通して取材の内容を伝えたり，協力を依頼したりすることなどが考えられます。これは，地域の人にインタビューしたりその様子を撮影したりする場合も同様です。また，他教科等と連携して，学習前に児童にプライバシー保護や肖像権等，情報モラルやマナーについて指導することも大切です。

Q10 調理や製作等の実習の計画や記録の作成に，１人１台端末を活用する場合のポイントは何ですか。

A10

　調理や製作の計画を立てる場面では，計画表にデジタル付箋を使ってその手順を考えることができます。デジタル付箋は，ペアの友達とミシンやこんろなどの共同で使う物や場所の順番を決めたりする時にも活用できます。また，デジタル版のワークシートは，写真だけでなく，実習の様子を撮影した動画を貼り付けることができるため，実習記録の作成に活用することができます。デジタル化することで写真や動画，ワークシートなど様々な様式のデータを蓄積できるというよさもあります。ただし，簡単に蓄積できるため，ルールや形式を決めておかないと膨大なデータ量になってしまうこともあるので，どこにどのような形式で保存していくかを学校として決めておくことも大切です。

Q11 調理や製作等の実習で，１人１台端末を活用して動画で記録を残す場合に気を付けることは何ですか。

A11

　調理や製作の様子を動画で記録しておくことは，客観的な視点から振り返ることができるため，とても有効です。調理や製作などの実習の様子を教師が撮影することが考えられます。教師１人で難しい場合には，他の教師や授業支援の方にお願いするのも一つの方法です。操作に慣れてきて，児童同士が撮影し合う場合には，活動場面全てを撮影するのではなく，切る場面，ゆでる場面，いためる場面など，事前に計画を立て，ポイントを絞って短時間で撮影することが大切です。また，調理実習での撮影については，撮影しないときに機器が濡れたり，落下したりしないような機器の置き場所の確保や衛生面での配慮が必要です。

Q12 １人１台端末を活用してペアやグループで交流したり，全体で共有したりする際のポイントは何ですか。

A12

　ペアやグループで交流し，相互評価する際，デジタル付箋の活用が考えられます。デジタル付箋は，色や大きさを自由に調整することができるので，友達のよい点やアドバイスなどで色分けしたり，大きさを変えたりすることが考えられます。また，グループや全体の意見をまとめる活動では，授業支援ソフト等のホワイトボード機能や児童の画面を一覧表示する機能が役に立ちます。ホワイトボード機能を活用することにより，模造紙の場合と同様にデジタル付箋で互いの意見を出し合い，全体の考えをまとめ共有することができます。デジタル版なら全員に配付することもでき，個々の学習の振り返りにも活用することができます。また，児童の画面を一覧表示することにより，複数の人の考えを一度に大画面に映し，意見を分類したり全体

の傾向を探ったりすることもできます。

Q13 ウェブ会議システムを使って地域の人や幼児と交流する場合，気を付けることは何ですか。

A13

　地域の人や幼児と交流する学習では，直接会って触れ合うことが大切ですが，状況によっては直接会うことができず，ウェブ会議による交流を行うことが考えられます。その際，交流の内容を検討するだけではなく，ウェブ交流をする時間や相手の通信環境等のハード面についても確認し，相手と学校とで事前に簡単なリハーサルを行うことが考えられます。また，相手の個人情報やプライバシーに配慮するとともに，各自治体の決まりやルール等のガイドラインについても確認し，児童がウェブ会議に参加する上での学校としてのルールを決めておくことが大切です。

Q14 家庭科でプログラミング教育を行う場合，どのような学習が考えられますか。

A14

　家庭科は，実践的・体験的な学習を通して基礎的・基本的な知識及び技能を身に付けることを目指しているので，実習の代用としてプログラミング体験を行うことは適切ではありません。ただし，プログラミング教材等を活用して実習のシミュレーションを行ったり，学習の確認として行ったりすることは有効であると考えられます。また，プログラミング教育で求められているプログラミング的思考の育成については，調理や製作の学習過程が課題解決のプロセスに沿って行われるのであれば，その学習そのものがプログラミング的思考を育成するための学習であると考えられます。調理や製作を通してプログラミング的な思考を育成するという意識をもって指導に当たることが大切です。

（渋谷恵子・粟田佳代・横山美明）

【執筆者一覧】（執筆順）＊所属は執筆時

筒井　恭子	前文部科学省初等中等教育局教育課程課 教科調査官	
	前国立教育政策研究所教育課程研究センター研究開発部 教育課程調査官	
芳我　清加	香川県教育センター教職員研修課主任指導主事	
増子　律子	鉾田市立旭東小学校	
為國　たまみ	横浜市立平安小学校	
出口　芳子	大田区立松仙小学校指導教諭	
髙木　真由美	下妻市立騰波ノ江小学校教頭	
粟田　佳代	熊本市教育センター指導主事	
小笠原　由紀	横浜国立大学教育学部附属横浜小学校	
浅川　大毅	大田区立道塚小学校	
吉田　みゆき	新座市立陣屋小学校	
小林　由美恵	さいたま市立指扇小学校	
小杉　優奈	北九州市立西門司小学校	
田中　明日香	香川大学教育学部附属坂出小学校	
小島　裕美	熊本市立西里小学校	
藤井　純子	水戸市立河和田小学校	
池田　美貴	富山大学人間発達科学部附属小学校	
中村　昌亮	新潟市立新潟小学校	
渋谷　恵子	さいたま市立東岩槻小学校長	
横山　美明	横浜市立上飯田小学校長	

【編著者紹介】

筒井　恭子（つつい　きょうこ）

前文部科学省初等中等教育局教育課程課教科調査官，国立教育政策研究所教育課程研究センター研究開発部教育課程調査官。石川県出身。石川県内の公立中学校・高等学校教諭，石川県教育委員会小松教育事務所指導主事，公立小学校教頭を経て，平成21年４月から平成31年３月まで文部科学省勤務。平成29年中学校学習指導要領の改訂，中学校学習指導要領解説技術・家庭編の編集に関わる。平成31年４月から令和２年３月まで国立教育政策研究所における評価規準，評価方法等の工夫改善に関する調査研究協力者。

小学校家庭科
１人１台端末を活用した授業づくり
題材設定から評価まで

2022年７月初版第１刷刊　©編著者　筒　　井　　恭　　子
　　　　　　　　　　　　発行者　藤　　原　　光　　政
　　　　　　　　　　　　発行所　明治図書出版株式会社
　　　　　　　　　　　　　　　　http://www.meijitosho.co.jp
　　　　　　　　　　　　（企画）林　知里（校正）芦川日和
　　　　　　　　　　　　〒114-0023　東京都北区滝野川7-46-1
　　　　　　　　　　　　振替00160-5-151318　電話03(5907)6703
　　　　　　　　　　　　　　　　　ご注文窓口　電話03(5907)6668

＊検印省略　　　　　　　組版所　中　　央　　美　　版

Printed in Japan　　　　　　　ISBN978-4-18-171766-7
もれなくクーポンがもらえる！読者アンケートはこちらから
→